Wilhelm Schmid
Ökologische Lebenskunst

Was jeder Einzelne
für das Leben auf dem Planeten
tun kann

W0085733

Suhrkamp

Umschlagabbildung:
Christo und Jeanne-Claude
Surrounded Islands, Miami, Florida 1980-83
Foto: Wolfgang Volz
© 1983 Christo

suhrkamp taschenbuch 4034
Erste Auflage 2008
© Suhrkamp Verlag Frankfurt am Main 2008
Suhrkamp Taschenbuch Verlag
Alle Rechte vorbehalten, insbesondere das
der Übersetzung, des öffentlichen Vortrags sowie der Übertragung
durch Rundfunk und Fernsehen, auch einzelner Teile.
Kein Teil des Werkes darf in irgendeiner Form
(durch Fotografie, Mikrofilm oder andere Verfahren)
ohne schriftliche Genehmigung des Verlages reproduziert
oder unter Verwendung elektronischer Systeme
verarbeitet, vervielfältigt oder verbreitet werden.
Druck: CPI – Ebner & Spiegel, Ulm
Printed in Germany
Umschlag: Göllner, Michels, Zegarzewski
ISBN 978-3-518-46034-4

1 2 3 4 5 6 – 13 12 11 10 09 08

Inhaltsverzeichnis

Vorwort

Das 21. Jahrhundert ist das Jahrhundert der Ökologie, dafür sorgen die wachsenden ökologischen Probleme. Im selben Maße, in dem sie deutlicher zu Tage treten, nehmen Menschen jedoch auch den Bezug zu ihrem eigenen Leben bewusster wahr, und ihre Bereitschaft, das Leben zu ändern, nimmt zu. Mit ökologischer Lebenskunst ist die bewusste Lebensführung gemeint, die ihre Einbettung in umfassendere Zusammenhänge im Blick hat, auch dann, wenn das nicht alle tun. Lebenskunst ist der Versuch zu einem richtigen Leben im falschen, der Versuch also, mit eigenem Nachdenken das Leben so zu orientieren, wie es richtig erscheint, selbst wenn das gesellschaftliche Umfeld auf dem falschen Weg sein sollte. Dass es darauf ankommt, behauptete ein Philosoph wie Theodor W. Adorno schon zu einer Zeit, die von der ökologischen Herausforderung noch nichts ahnte: Seine bekannte Sentenz aus dem Buch *Minima Moralia* von 1951, wonach es kein richtiges Leben im falschen gebe, korrigierte er in einer Vorlesung zur Moralphilosophie vom 28. Februar 1957: Man müsse stets so zu leben bemüht sein, »wie man in einer befreiten Welt glaubt leben zu sollen, gleichsam durch die Form der eigenen Existenz, mit all den unvermeidbaren Widersprüchen und Konflikten, die das nach sich zieht, versuchen, die Existenzform vorwegzunehmen, die die eigentlich richtige wäre«.

Dem Einzelnen diese Rolle zuzuschreiben läuft nicht darauf hinaus, die Rolle von Institutionen und Strukturen zu vernachlässigen. Deren Einflussnahme auf das individuelle Leben ist hinlänglich bekannt, weniger geläufig ist die Möglichkeit der Einflussnahme Einzelner auf sie. Institutionen und Strukturen sind von Natur aus träge, Selbstveränderung gehört nicht zu ihren vordringlichsten Aufgaben. Anstöße dazu kommen daher eher von außen, auch von Außenseitern mit ihrer Initiative und ihrem Engagement, die ökologische Bewegung hat dies von Anfang an gezeigt: Einzelne waren auf diese Problematik frühzeitig aufmerksam geworden, Einzelne bemühten sich auch um die ersten Antworten darauf, unbeeindruckt von Hohn und Spott, die ihnen zunächst entgegenschlugen. Je weiter Einzelne die Veränderung ihres eigenen Lebens vorantreiben, desto mehr folgt ihnen die Gesellschaft, deren Bürger sie selbst sind, und ebenso die Wirtschaft, deren Produkte sie selbst nutzen. Dass Veränderung keine umstandslose Umsetzung von Idealen ins Reale sein kann, ist der Lernprozess, den sie selbst dabei durchlaufen. So kommt letztlich eine ökologische Revolution zustande, die niemand jemals ausgerufen hat und die dennoch geschieht. Je stiller sie vor sich geht, desto wirksamer fällt sie aus. Sie hinterlässt tiefe Spuren in der Zeit: Die Moderne selbst, zu deren Projekt die Ökologie lange nicht zählte, wird dabei nicht dieselbe bleiben.

Zu diesem Prozess will das vorliegende Buch beitragen. Es geht aus dem Schlusskapitel der *Philosophie der Le-*

benskunst hervor, die 1998 erschien. Welche Entwicklung die ökologische Problematik nehmen würde, zeichnete sich damals schon deutlich ab. Hätte also früher gegengesteuert werden können? Aber die Zahl engagierter Einzelner reichte dafür noch nicht aus. Das änderte sich spätestens mit dem Bericht des UN-Klimarats von 2007, und seither wächst nicht nur die Aufmerksamkeit vieler für ökologische Zusammenhänge, sondern auch das Interesse an konkreten Möglichkeiten, das individuelle und gesellschaftliche Leben nachhaltiger zu gestalten. Im vorliegenden Buch wird skizziert, wie die ökologische Problematik überhaupt erst entstand und wie sich eigenartigerweise das Wissen darüber parallel zum Blick von außen auf den Planeten entwickelte. Sodann erscheint es wichtig, die Gründe zu erörtern, die für ein individuelles und gesellschaftliches Handeln sprechen, denn eine zwingende Norm dazu gibt es nicht. Für den, der sich für ein eigenes Engagement entscheidet, können die Überlegungen zu einem ökologischen Lebensstil hilfreich sein, der den Blick für die großen Zusammenhänge mit dem für die kleinen Details im Alltag verbindet. Praktische Hinweise sollen zeigen, was jeder Einzelne für die Ökosysteme seines Körpers, seiner Wohnung, seiner Stadt, seiner Region tun kann, die mit dem übergreifenden Ökosystem interagieren, und wie er für die gesamte Gesellschaft und Weltgesellschaft, deren Bürger er ist, ökologisch Sorge tragen kann. Ein Essay am Schluss des Buches will das Nachdenken darüber anregen, welche weitere Entwicklung das Leben nehmen könnte, wenn die größte Herausforderung der Menschheit nach dem 21. Jahrhundert Vergangenheit geworden sein wird.

Der Blick von außen auf den Planeten

Die ökologische Problematik ragt aus dem 20. weit ins 21. Jahrhundert hinein und gewinnt historische Dimension. Dass sie ins Bewusstsein drang, geschah in bemerkenswerter Parallelität zu jener Erweiterung der Reichweite menschlicher Technologie, die es in der zweiten Hälfte des 20. Jahrhunderts erstmals in der Menschheitsgeschichte möglich machte, Menschen und Maschinen in den Raum außerhalb des Planeten zu bringen – die Realisierung eines zutiefst modernen Projekts, denn seit der historischen Aufklärung galt die mögliche Loslösung von der Erde als Signum der ultimativen Befreiung, und dies nicht nur metaphorisch: Begeistert gefeiert wurden schon die kühnen Aeronauten, die mit Ballonen ein paar Meter vom Erdboden abhoben, um sich »den Göttern zu nähern«. In Romanen träumten Autoren der Aufklärung von der Reise zum Mond. Erst das 20. Jahrhundert fand die technischen Möglichkeiten, diesen Traum zu realisieren.

Mit der Erdumrundung eines Sputnik-Satelliten wurde 1957 das »Weltraumzeitalter« eröffnet. 1961 war Juri Gagarin der erste Mensch im All, der den Planeten von außen wahrnehmen konnte. Damit begann sich eine grundlegende *Umkehrung der Perspektive* zu vollziehen, denn von diesem Zeitpunkt an richtete sich der menschliche Blick nicht mehr nur von der Erde aus ins All, sondern auch – mit technischer Hilfe – vom All aus auf die Erde. War die Erde lange Zeit in der Menschheitsgeschichte der natürliche Ausgangspunkt der Beobachtung der Sterne gewesen, so wurde sie nun selbst zum Gegenstand der Beobachtung; diese Umkehrung und die damit verbundene Objektivierung des Planeten boten von nun an eine neue Möglichkeit, das Leben des Menschen auf dem Planeten selbst zu reflektieren. Man kann geradezu von einer *astronautischen Ästhetik* sprechen, die mit diesen Erfahrungen entstanden ist; sie charakterisiert jedoch keineswegs nur die eigentümliche Wahrnehmung von Astronauten und Kosmonauten, sondern die eines jeden, der sich daran gewöhnt, seine Welt und letztlich sich selbst auf diese Weise von außen zu sehen.

Mehrere Aspekte zeichnen die neue Ästhetik aus: Die kosmische Distanz erlaubt die *Wahrnehmung des Planeten als Ganzes*, wie sie erstmals beim Flug zum Mond im Dezember 1968, einer Mondumrundung ohne Landung, für Menschen möglich wurde. Das Verlassen der Erde war zu diesem Zeitpunkt schon Routine: »Aber wir waren wie vom Donner gerührt«, erinnerte sich einer der Astronauten später an diesen denkwürdigen Flug von Apollo 8, »als wir uns umdrehten und zur Erde sahen.«[1] Die Erde selbst erschien als ein Himmelskörper in der unendlichen Schwärze des Alls, ein »leuchtender Saphir auf schwarzem Samt«; sie immer weiter zurückweichen zu sehen verursachte ein »seltsames Gefühl in der Magengegend«. Prägte sich die Erfahrung des Blicks von außen schon bei herkömmlichen Raumflügen in Erdnähe tief ein, bei denen der Planet nicht als Ganzes wahrnehmbar ist, so erst recht der Blick aus kosmischer

Die aufgehende Erde, von der Mondumlaufbahn aus gesehen,
Apollo 11, 1969.

Distanz, der bei Mondlandungen gar als das Wesentliche des Aufenthalts auf dem anderen Himmelskörper erfahren wurde: »Jetzt weiß ich, warum ich hier bin«, erklärte einer der zwischen 1969 und 1972 auf dem Mond gelandeten Astronauten: »Nicht um den Mond aus größerer Nähe zu sehen, sondern um zurückzuschauen auf unser Heim, die Erde.«[2] So signifikant erschien vielen auf der Erde selbst der Blick auf den Planeten als Ganzes, dass das entsprechende Bild in den letzten drei Jahrzehnten des 20. Jahrhunderts geradezu zum Klischee erstarrte.

Die astronautische Ästhetik beinhaltet als weiteren Aspekt die *Wahrnehmung der Schönheit des Planeten*, Schönheit im Sinne des sinnlichen Eindrucks und im Sinne des Bejahenswerten: Die Erde bietet offenkundig einen Anblick, der die Sinne überwältigt und einen Genuss vermittelt, bei dem das Subjekt verweilen möchte; seine Intensität drängt selbst rationale Pragmatiker, wie sie in Astronauten und Kosmonauten vermutet werden dürfen, zu einer Art von Weltraumpoesie: »Plötzlich taucht hinter dem Rande des Mondes in langen, zeitlupenartigen Momenten von grenzenloser Majestät ein funkelndes blauweißes Juwel auf, eine helle, zarte, himmelblaue Kugel, umkränzt von langsam wirbelnden weißen Schleiern. Allmählich steigt sie wie eine kleine Perle aus einem tiefen Meer empor, unergründlich und geheimnisvoll.«[3] Dies zeugt von der Gründung einer affektiven Beziehung zum gesamten Planeten, die auf historisch neue Weise mit einer *Erfahrung des Planeten als*

Heimat einhergeht. Diejenigen, die im Augenblick des Blicks auf den Planeten von außen von seiner Schönheit sprechen, erfahren zugleich, unabhängig von ihrer Nationalität, dieses neue Gefühl von Heimat, das sich nicht mehr auf enge Ländergrenzen bezieht. Die Grenzen, die zwischen Ländern gezogen sind, geraten außer Blick, sie sind von außen nicht wahrnehmbar. Im Hintergrund dieses Gefühls von Heimat steht die Erfahrung kosmischer Einsamkeit, der starke Kontrast »zwischen der hellen, farbigen Heimat und der krassen, schwarzen Unendlichkeit«, sodass zu diesem Planeten plötzlich eine »persönliche Beziehung« entsteht, »die mich, wie ich mit einem Schlage wahrnahm, mit allem Leben auf diesem unglaublichen Planeten verband, der Erde, unserer Heimat«.[4] Auf der Erde selbst kommt es unter dem Eindruck der Bilder von außen zu der Erkenntnis Einzelner: »Im Guten wie im Schlechten sind wir eine einzige Nation.«[5]

Die Wahrnehmung der Winzigkeit und Zerbrechlichkeit des Planeten begründet schließlich eine erneuerte *Sensibilität für die Bedingungen der menschlichen Existenz*, ein Gespür für die Besonderheiten und Eigentümlichkeiten des gesamten Planeten, der die menschliche Existenz ermöglicht. »Die Erde lag ausgebreitet unter uns. Ihre Schönheit war hinreißend – keine Sprache kann es beschreiben –, doch wie verletzlich sah sie aus!«, ruft ein Astronaut aus, den die zerbrechliche Erscheinung fasziniert und in Schrecken versetzt. »Beim ersten Blick zum Horizont der Erde stockte mir der Atem. Nicht dass mich die Krümmung der Horizontlinie überrascht hätte, es war vielmehr die königsblaue Farbe der Atmosphäre, die mich verzauberte. Doch wie dünn war die lebenserhaltende Schicht!«[6] Was auf der Erde selbst als das Selbstverständlichste gilt, erscheint von außen als das Prekärste: Die menschliche Existenz auf dem Planeten. Astronauten und Kosmonauten stimmen überein in ihren Hymnen auf die außergewöhnliche Schönheit des Planeten, jedoch auch in der Wahrnehmung der Bedrohtheit der menschlichen Existenz auf ihm, und für einige führt dies zu einer existenziellen Erschütterung: Die Evidenz der Erfahrung, dass der eigene Planet nur ein Staubkorn im Universum ist, wirft die Frage auf, was Raum, Zeit und Geschichte des Menschen überhaupt bedeuten. Was auf dem Planeten die Selbstverständlichkeit des Faktischen für sich hat und die Weite einer eigenen Welt suggeriert, wird als verschwindende Ausnahmeerscheinung in der unendlichen Weite des Alls bewusst.

Die Art und Weise, in der sich das Bild der Erde mit dem Blick von außen verändert und neu etabliert, hat nicht allein mit der bemannten Raumfahrt zu tun, sondern beruht auf der permanenten Beobachtung der Erde mithilfe einer unüberschaubar großen Anzahl von Satelliten. Die dadurch gewonnenen Informationen und Erkenntnisse lassen ein *neues Wissen von der Erde und ihren Zusammenhängen* entstehen. Elektronische Augen ermöglichen den »großen Blick« (*big look*) und vermitteln Erkenntnisse vom hochkomplexen und unaufhörlich in Bewegung befindlichen Makrosystem Erde, und zweifellos ist der »große Blick« von vornherein auch mit

Ambitionen der Macht verbunden: Die Erde vermessen, die Erde beherrschen.[7] Die Satellitentechnologie macht die Erkenntnis erdumspannender ökologischer Zusammenhänge möglich, die zuvor kaum oder gar nicht bekannt waren. Die globale *Makroperspektive* wird dabei kontrastiert durch die *Mikroperspektive*: Man kann im Großen die Wechselwirkungen zwischen Ozeanen, Landmassen und der Atmosphäre verfolgen, im Kleinen aber zeigen Ausschnitte von nahezu beliebiger Winzigkeit, wie die Felder bestellt sind, wie die Qualität der Ernte ist, ob eine Erosion der Böden zu beobachten ist etc. Ein gänzlich fremder Planet kann erscheinen, wenn jene Informationen gefiltert werden, die den Wasserdampf in der Atmosphäre wiedergeben: Eine diffus blau leuchtende Glaskugel wird sichtbar, über die die Nebelschwaden hinweghuschen, sich kringeln, auflösen und neu formieren; über den Wüsten zeigen die Schatten, über den Meeren zeigt das Leuchten an, in welcher Weise das Wasser kondensiert. Bernsteinfarben leuchtet die Glaskugel auf, wenn die Temperaturen gefiltert werden, die die Ränder des Planeten und die Pole in ein kaltes Weiß stellen, vor dessen Hintergrund sich das Gelb-Braun-Rot der Klimazonen abhebt, vielfach nuanciert und ineinanderfließend. Im Detail macht das thermische Bild sichtbar, wo sich die Hitze in einem Vulkan konzentriert und wie sie verläuft. Der Eindruck, dass alles mit allem interagiert und daher alle Lebewesen im selben Boot sitzen, verfestigt sich; es entsteht die Metapher vom »Raumschiff Erde«.[8]

Auf der Oberfläche dieses empfindlichen Systems,

unter der hauchdünnen Glocke eines bläulichen Schleiers, inmitten der planetenumspannenden biogeochemischen Zyklen von Energie, Wasser, Sauerstoff, Kohlenstoff, Mineralien und Organismen lebt der Mensch, der die Zusammenhänge zu verstehen sucht, die er zugleich selbst beeinflusst. Die Aufklärung von außen aus der Weite des Raums lässt erkennen, welch destruktives Ausmaß diese Beeinflussung annehmen kann. Ausgerechnet der neue Kulminationspunkt technologischer Macht ermöglicht die reflexive Wendung zurück auf den Planeten und befördert das *planetarische Bewusstsein* in genau demselben Moment, in dem Menschen in der Lage sind, ihre irdische Existenz mit konventionellen technischen Mitteln zu ruinieren. Darin besteht die »philosophische Dimension« der Raumfahrt: Die mögliche Distanz zum Planeten eröffnet den Raum der Selbstreflexion und bildet die Grundlage für ein »globales Bewusstsein«.[9] Nicht nur in ökologischer, sondern auch in ökonomischer, sozialer und politischer Hinsicht dringt die gesamte Welt in ihren Wechselwirkungen immer stärker ins Bewusstsein des Einzelnen ein, und unmerklich verändern sich die Strukturen seines Denkens.

Menschen können sich nun als diejenigen Wesen definieren, die die Erde bewohnen und sich dabei zugleich mit technischer Hilfe von außen zusehen. Das Hin- und Hergehen zwischen Binnen- und Außenperspektive etabliert eine beständige kritische Reflexion globaler Zusammenhänge und bestimmt den Aufenthalt des Menschen auf der Erde neu. Form und Lebensform des Subjekts bleiben dabei nicht dieselben, sondern münden in eine *planetarische Lebensform*, bei der das Subjekt sein Verhalten mit dem Blick von außen betrachtet, die Gesamtzusammenhänge des Planeten, die die Grundlagen seiner Existenz darstellen, im Blick behält und sich mithilfe dieser Reflexion orientiert. Wie sich das Selbstverständnis des Subjekts unter dieser Perspektive wandelt, wird bereits bei Astronauten und Kosmonauten deutlich, denn »plötzlich ergreift dich das bisher unbekannte und alles absorbierende Gefühl, dass du ein Erdenmensch bist«,[10] eben nicht mehr nur der Bürger eines bestimmten Landes, sondern bereits ein Bürger der im Entstehen begriffenen Weltgesellschaft.

Die astronautische Ästhetik und das neue Wissen von der Erde, das planetarische Bewusstsein und die Lebensform der planetarischen Existenz begründen schließlich eine Ethik der *Sorge für das Leben auf dem Planeten*; darin könnte letzten Endes der Sinn der Reise in den Raum und der dadurch angestoßenen Reflexion zu sehen sein. Und noch einmal sind es Astronauten und Kosmonauten, bei denen diese Ethik zum Vorschein kommt: Dem »Gefühl als Erdenbürger« entspricht ein »Gefühl persönlicher Verantwortung für die Erhaltung des einzigen, uns allen gemeinsamen Planeten«; beim Blick von außen auf den Planeten wird klar, dass es »um den Schutz und die Erhaltung unseres gemeinsamen und einzigen Hauses geht, das so zerbrechlich und so schön ist«.[11] Diese Ethik ist von Grund auf nicht selbstlos, sondern Ausdruck der Selbstsorge, denn das Selbst lebt inmitten der globalen Zusammenhänge, die die Bedingungen seines eigenen Lebens sind und gegen die es nicht gleich-gültig sein kann; sein eigenes Verhalten zieht Konse-quenzen nach sich, die über die globalen Zusammen-hänge auf die Möglichkeiten des Lebens für das Selbst zurückwirken, wie unbedeutend diese Rückkopplung vordergründig auch erscheinen mag.

Wenn der Blick von außen auf den Planeten von so großer Bedeutung für die Erneuerung der menschlichen Reflexion und Selbstreflexion ist, dann kann erwartet werden, dass vor allem Philosophen sich dafür interes-sieren, und bei einigen ist dies, zumindest beiläufig, in der Tat der Fall gewesen. Bereits im Voraus durchdachte der russische Religionsphilosoph Nicolas Berdjajew die technische Möglichkeit, »die Erde zu verlassen«, und vermutete, dass dies dem Menschen im Unterschied zum Bewusstsein in früheren Epochen »das Gefühl des planetarischen Daseins der Erde« vermitteln werde.[12] Hannah Arendt hielt »das Ereignis des Jahres 1957« fest und sah in dem Versuch, sich des Weltalls zu bemächti-gen, die äußerste Konsequenz einer »Erd-Entfremdung« des neuzeitlichen Menschen und seiner immer weiter ausgreifenden Wissenschaft; sie sah jedoch auch die Zeit kommen, in der Menschen »zwar immer noch unter den Bedingungen der Erde leben, aber gleichzeitig fähig sein würden, sie von einem Außen her zu erblicken und im Sinne dieses Außen auf ihr zu handeln«.[13] Im letzte-ren Sinne interpretiert Emmanuel Lévinas 1961 den ers-ten Raumflug von Gagarin und erhofft sich davon, dass die »Spaltung der Menschheit in Einheimische und Fremde« von Stund an bedeutungslos wird, da die Menschen nun die gesamte Erde als ihre Heimat erfahren können.[14]

Von Heidegger stammt das Stichwort der »Astronautik«, die in seiner Sicht neben der Atomphysik die Erfahrung des Menschen im 20. Jahrhundert kennzeichnet. Aber für ihn ist dies keineswegs der Beginn einer Epoche, in der die Erde als Ganzes erfahren wird, sondern die äußerste Vollendung des Zeitalters, das nur noch »rein technische Verhältnisse« kennt, den Menschen von der Erde losreißt und ihn »entwurzelt«; Heimat bleibt für ihn die Verwurzelung an einem Ort auf der Erde, den es zu hüten gilt. »Ich weiß nicht, ob Sie erschrocken sind, ich bin jedenfalls erschrocken, als ich jetzt die Aufnahmen vom Mond zur Erde sah. Wir brauchen gar keine Atombombe, die Entwurzelung des Menschen ist schon da. Wir haben nur noch rein technische Verhältnisse. Das ist keine Erde mehr, auf der der Mensch heute lebt.«[15] Demgegenüber hält Hans Blumenberg es für bedeutsam, dass der Planet vergleichsweise wohnlich und bewahrenswert erscheint, seit seine Bewohner ihn »aus Entfernungen des Weltraums« sichtbar gemacht bekommen: »Die kosmische Ernüchterung ist dem Willen zur Erhaltung der Erde zugute gekommen.«[16]

Mit einer eigenen Schrift reagiert Günther Anders auf den Blick von außen auf den Planeten; auch für ihn besteht das Entscheidende darin, »dass die Erde zum ersten Mal die Chance hat, sich selbst zu sehen«, dass sie zum ersten Mal »*reflexiv* wurde, dass sie zum Selbstbewusstsein erwachte«. Der Blick von außen wirkt jedoch heilsam und erschreckend zugleich: Heilsam, weil wieder auf irdische Größe zurückgestutzt wird, was sich für die Welt selbst nahm; erschreckend, weil diese Erde so einsam und so zerbrechlich erscheint. Diesen Schrecken vor allem werde der Mensch nie mehr ganz »verwinden«, zumal er sich in seiner astronautischen/kosmonautischen Existenz nur noch als ein in die Maschine einmontierter Monteur erfahren kann, der nicht mehr Herr über die Konsequenzen der Technik ist. Anders hegt äußerste Skepsis gegen die Annahme, dass ein erweitertes Bewusstsein aus der Wahrnehmung des Planeten als Wohnstatt der Menschen hervorgehen könnte: »*Wir* werden durch die Erweiterung unserer Welt nicht erweitert werden.«[17]

Dem steht die Haltung von Michel Serres gegenüber, für den die Reise einiger weniger in den Raum Konsequenzen für alle nach sich zog und zum Bewusstsein von der Erde als Ganzes führte; die »Astronauten-Menschheit« gehe weit über frühere Verfasstheiten des Menschen hinaus: »Weit genug von unserer ERDE entfernt, können wir sie endlich als Ganzes betrachten. Der Bauer, den Rücken gekrümmt, lebte von seiner Ackerfurche und sah nichts außer ihr; und der Wilde sah einzig seine Lichtung oder die Pfade durchs Walddickicht; der Gebirgler sein Bergtal, wie es sich von den Almen aus zeigte; der Bürger den von seinem Fenster aus beobachteten öffentlichen Platz; der Flugzeugpilot einen Teil des Atlantiks«; nun aber sind wir »allesamt Astronauten geworden, völlig deterritorialisiert«.[18] Die neue Erfahrung regt Serres dazu an, über einen »Naturvertrag« nachzudenken, der den Gesellschaftsvertrag zu ergänzen und die Natur zu einem Rechtssubjekt zu machen hätte, um nicht mehr als bloßes Objekt der Ausbeutung begriffen zu werden, denn ansonsten drohe der »kollektive Tod«.

Aber das Erstaunliche ist, dass die Geschichte des Blicks von außen auf die Erde sehr viel älter und mit der Geschichte der antiken Philosophie verbunden ist. Die Idee zu diesem Blick geht auf Platon zurück, für den der Philosoph den »Blick über alle Zeit und alles Sein« hat, daran gewöhnt, »über die ganze Erde zu schauen« (τῆν γῆν βλέπειν).[19] Dieser Blick von außen charakterisiert die Seelengröße, der jede Kleinlichkeit zuwider ist und die den Tod nicht fürchtet. Freilich begründet dieser Blick bei Platon letzten Endes nicht etwa die Sorge um das irdische Dasein, sondern die endgültige Loslösung davon. Vielleicht ist das der Grund dafür, dass der philosophische Blick von außen zum Gegenstand des kynischen Spottes wird, der dabei mit satirischen Mitteln doch nur die kynische Variante des Blicks von außen zu vermitteln sucht: Die Menschen sind sich der Flüchtigkeit ihrer Erscheinung nicht bewusst, leichtfertig vergeuden sie ihre Existenz, während der Kyniker sie zur bewussteren Existenz ermahnt und hierfür den Blick von außen zu Hilfe nimmt. Unbestechlich sieht er die Dinge, wie sie sind, nennt sie freimütig beim Namen und fordert dazu auf, zu einem einfachen und natürlichen Leben zurückzukehren, denn diejenigen, die sich reich wähnen, sind von außen gesehen im Besitz ganz unbedeutender Dinge, ihre Ländereien sind nicht größer als ein Atom Epikurs.[20]

In der stoischen Tradition ist der Blick von außen ein konstitutiver Bestandteil philosophischer Lebenskunst. Es kommt darauf an, den Blick zu heben, ihn von der Erde zu lösen und in die unendliche Weite des Weltalls eintauchen zu lassen, um dort in weiter Ferne den Blick endlich umzuwenden und zurückzublicken auf unser Gestirn. Im Augenblick dieses Blicks aus kosmischer Ferne, wenn die Erde vielleicht nur noch als ein Punkt erscheint, kann man sich klar werden über die Winzigkeit dieser Welt; man erkennt die wahren Proportionen der Dinge aus dieser Distanz und kann sein Leben neu orientieren, indem man unterscheidet, was wichtig und was unwichtig ist, um sich nicht in unbedeutenden Kleinigkeiten zu verlieren. Daher Marc Aurels Rat, von irgendeinem »höheren Punkt aus« (ἄνωθεν) die irdischen Dinge zu betrachten, denn für diesen Blick erweist sich, dass die ganze Erde »nur ein Punkt« ist, »und wie klein ist dieses Stück Erde, das überhaupt bewohnt ist?«[21]

Wäre es möglich, den in der Moderne mit beträchtlichem technischem Aufwand erschlossenen Blick von außen, für den in der Antike der Flug der Phantasie genügte, auf neue Weise als eine *Übung der Lebenskunst* zu begreifen? Die Verfahrensweise der Lebenskunst bestünde dann darin, die Umkehrung der Perspektive bewusst zu vollziehen, die die astronautische Ästhetik dem Subjekt vermitteln kann. Das neue Wissen von der Erde und ihren Zusammenhängen würde in der Aneignung durch das Subjekt der Lebenskunst zum Lebenswissen werden, um das eigene Leben bewusst zu führen. Das Subjekt könnte seiner Kohärenz das planetarische Bewusstsein eingliedern und eine planetarische Lebensform wählen, getragen von der Sorge für das Leben auf dem Planeten, die im Interesse des Selbst und seiner Sorge um sich liegt, wie immer sie sonst noch motiviert sein mag. So könnte der Blick von außen zur Grundlage der ökologischen Lebenskunst in einer andersmodernen Raumzeitkultur werden, und diese mit jener Gelassenheit ausstatten, die von der Distanz ermöglicht wird, auch wenn eine gelassene Haltung angesichts des Ausmaßes der ökologischen Problematik schwerzufallen scheint. Dem *imaginierten* Blick von außen kam jedenfalls bereits bei der Entstehung des modernen ökologischen Bewusstseins, an dessen Fortschreibung die ökologische Lebenskunst beteiligt ist, einige Bedeutung zu.

Die Geburt des modernen ökologischen Bewusstseins aus der Imagination des Blicks von außen

Die Geschichte der Entstehung des ökologischen Bewusstseins reicht ins Frühstadium der Entwicklung der industriellen und technischen Moderne im 19. Jahrhundert zurück. Die Voraussetzungen dafür wurden geschaffen von ersten Konfigurationen des Wissens über ökologische Zusammenhänge, wie sie im Projekt Alexander von Humboldts von 1845 Niederschlag finden, der eine Beschreibung der Erde aus der Sternenperspektive vornimmt, »stufenweise herabsteigend durch die Sternschicht, der unser Sonnensystem angehört, zu dem luft- und meerumflossenen Erdsphäroid«, um die vitalen Zusammenhänge, die Ordnung der Lebewesen und der Naturkräfte darzustellen: »Generelle Ansichten gewöhnen uns, jeden Organismus als Teil des Ganzen zu betrachten.«[22] Eine weitere Station ist das Auftauchen des Begriffs der Ökologie 1866 bei Ernst Haeckel: »Unter *Oecologie* verstehen wir die gesammte *Wissenschaft von den Beziehungen des Organismus zur umgebenden Außenwelt*, wohin wir im weiteren Sinne alle ›Existenz-Bedingungen‹ rechnen können.«[23] Der Begriff der Ökologie führt jedoch für lange Zeit nur ein marginales Dasein innerhalb der Disziplin der Biologie. Zur globalen Sichtweise der ökologischen Zusammenhänge trägt der Geologe Eduard Suess bei mit der Beschreibung des Zusammenwirkens von Luft (*Atmosphäre*), Wasser (*Hydrosphäre*), Gestein (*Lithosphäre*) und Lebewesen (*Bio-*

sphäre); sein Buch über das »Antlitz der Erde« eröffnet er 1885 mit der Vorstellung, »aus dem Himmelsraume unserem Planeten« sich zu nähern.[24]

1909 publiziert der aus Riga stammende Naturwissenschaftler und Kulturtheoretiker Wilhelm Ostwald eine erstaunliche Arbeit über die Probleme, die mit der Nutzung fossiler Energieträger beim relativ geschlossenen System Erde zwangsläufig entstehen. Um die Grundlagen für menschliches Leben nicht zu bedrohen, müsse eine »dauerhafte Wirtschaft« auf die »regelmäßige Benutzung der jährlichen Strahlungsenergie« gegründet werden und die Energie der Sonne (*Heliosphäre*) nutzen: »Als späteres Ziel des Fortschrittes wird daher die *unmittelbare* Benutzung der Sonnenenergie anzusehen sein, wobei die Erde mit Apparaten bedeckt sein wird, in denen dies geschieht und in deren Schatten die Menschen ein bequemes Dasein führen werden.«[25] Für den bewussten Umgang mit Energie gebraucht Ostwald den Begriff der *Lebenskunst*.[26] Ebenfalls 1909 beginnt der baltische Biologe Jakob von Uexküll, der später in Hamburg ein Institut für Umweltforschung gründen wird, den Begriff der »Umwelt« auszuarbeiten: Lebewesen sind für ihn nicht mechanisch funktionierende Objekte, sie schaffen sich vielmehr an dem Ort, an dem sie leben, aktiv ihre Umwelt selbst, eine »Wohnwelt«, in der alles für sie Bedeutung hat (Merkwelt) und in der sie ihre Wirksamkeit und Wechselwirkung (Wirkwelt) entfalten.[27]

Von 1922 an erweitert schließlich Wladimir Vernadsky in Vorlesungen an der Pariser Sorbonne den bereits von Eduard Suess eingeführten Begriff der Biosphäre (im engeren Sinne für die belebte Natur) zur *Biosphäre* im umfassenden Sinne für das Zusammenwirken von anorganischen Elementen und der belebten Natur, dessen Erforschung das Programm einer neuen Wissenschaft namens Biogeochemie sein sollte, und zwar unter dem Eindruck sich anbahnender menschlicher Manipulationen dieses Systems: »Wir befinden uns z. Z. in einer Periode umwälzender Änderungen der thermodynamischen Gleichgewichtsbedingungen innerhalb der Biosphäre«, Ursache hierfür sei die technische »Tätigkeit der Menschheit«.[28] Diese Tätigkeit sei zu einer den Planeten gestaltenden geologischen Kraft geworden, angeleitet durch die Kognition, griech. *νοῦς*, und habe eine eigene Sphäre ausgebildet, die *Noosphäre*, die, der umfassenden Biosphäre zugehörig, sich zugleich auf sie zurückwendet und sie nicht als dieselbe belässt. Auch wenn dies ohne Bewusstsein der Folgen geschieht, so wird das Antlitz des Planeten faktisch dabei doch »chemisch krass verändert«.[29]

Bis zur Mitte des 20. Jahrhunderts ist die Ökologie vor allem eine Fragestellung der *Wissenschaften*, in der zweiten Hälfte des 20. Jahrhunderts wird sie, aufgrund spürbarer oder befürchteter ökologischer Belastungen, auch zur Sache eines politischen Engagements und zum Anliegen von *Umweltschutzbewegungen*. Den Auftakt dazu stellt 1962 ein Buch von Rachel Carson dar, in dem die durch den Einsatz giftiger Chemikalien verursachte ökologische Zerstörung angeprangert wird,[30] Grund für die ersten Umweltschutzorganisationen in den USA, sich gegen die Vergiftung des Bodens mit Chemikalien, gegen Wasser- und Luftverschmutzung und ihre lebensbedrohlichen Konsequenzen für Menschen, Tiere und Pflanzen zu wenden. Eine Institution, die sich den ökologischen wie auch sozialen und politischen Problemen von erdumspannenden Ausmaßen stellt, eine planetenweite Öffentlichkeit dafür gewinnt und die Brücke zwischen Wissenschaft und Engagement schlägt, ist der *Club of Rome*, der als unabhängige Organisation von Wissenschaftlern verschiedenster Disziplinen 1968 gegründet wurde – just im selben Jahr, in dem auch die Bilder, die den Planeten aus Mondentfernung in seiner Schönheit und Zerbrechlichkeit zeigen, um die Erde gingen. 1971 löst der Bericht des Club of Rome über die »Grenzen des Wachstums« einen ersten großen Schock vor allem in den reicheren Ländern der Erde aus, die sich daran gewöhnt hatten, nur noch in Begriffen von Wachstum und Produktionssteigerung zu denken und Probleme wie die Begrenztheit der Rohstoffressourcen und die Zerstörung ökologischer Zusammenhänge außer acht zu lassen.

1973 wird der Begriff der »Tiefenökologie« (*Deep Ecology*) ausgearbeitet von Arne Naess, der seinen Philosophielehrstuhl in Oslo 1969 verließ, um sich in Theorie und Praxis gänzlich der Grundlegung und Realisierung einer Ökologie zu widmen, die ein verändertes Verständnis des Subjekts und eine weitreichende Veränderung von Denkstrukturen umfasst.[31] Dieses Konzept der Tiefenökologie wird prägend für die gesamte internationale Ökologiediskussion. Nicht minder ist dies der Fall für die seit 1974, ursprünglich gemeinsam mit der Biologin Lynn Margulis, unternommenen Arbeiten von James Lovelock zur *Gaia-Hypothese*, worunter das Verständnis der Erde (griech. γαῖα) als eines lebenden Organismus zu verstehen ist. Der Biophysiker war 1961 am Projekt der ersten Mondsonde der amerikanischen Weltraumorganisation NASA beteiligt und übernahm danach die Aufgabe der theoretischen Suche nach möglichem Leben auf dem Mars. Schließlich wandte er sich mit dem imaginierten Blick von dort auf den Planeten Erde zurück und erkannte nun »mit neuen Augen«, wie er sagt, dessen Eigentümlichkeit. Die »Biographie unseres Planeten«, die er daraufhin schreibt, leitet er mit dem Blick von außen ein: »Gaia war von Anfang an eine Betrachtung der Prozesse auf der Erde von oben«, eine Perspektive, die so aufschlussreich war, dass sie die Erde im Vergleich zu Mars und Venus als eine »merkwürdige und schöne Anomalie« erscheinen ließ.[32]

Lovelock will eine »Geophysiologie« etablieren, die die Verfassung des Planeten zu ihrem Untersuchungsgegenstand macht und die Erde als Lebewesen zu verstehen sucht, das sich selbst reguliert. Dass die ganze Erde als Lebewesen betrachtet werden kann, hat ihm zufolge seinen Grund darin, dass die einzelnen Organismen sich keineswegs damit begnügen, sich einer Umwelt nur anzupassen, sondern dazu übergehen, sie sich passend zu gestalten. Diese Einwirkung, ausgehend von den Organismen und Lebewesen der Biosphäre, beeinflusst auch Atmosphäre, Hydrosphäre und Lithosphäre. Gaia ist daher »ein Planet, auf dem sich Leben nicht nur der Erde anpasst, sondern auch die Erde so formt, dass sie für das Leben eine Heimat sein kann«.[33] Die Gaia-Hypothese befördert die Einsicht, dass alle Arten von Organismen und die Zyklen aller Elemente untereinander eng verbunden sind. Dieses Geflecht von Wechselwirkungen wird jedoch empfindlich gestört aufgrund der Verbrennung fossiler Energieträger durch den Menschen, die einen Anstieg des Kohlendioxydgehalts in der Atmosphäre, eine Reduktion des Sauerstoffgehalts und eine globale Erwärmung in relativ kurzer Zeit nach sich zieht, wobei es Lovelock für »ziemlich sicher« hält, dass der neue Zustand für die Menschen selbst »auf jeden Fall ungünstiger ausfallen wird als die Umstände, unter denen wir heute leben«.[34]

Eine Ethik, die den immer deutlicher hervortretenden ökologischen Problemen von globalen Ausmaßen mit einem »Prinzip Verantwortung« entgegentreten will, legt Hans Jonas 1979 vor. Der unter dem amerikanischen Präsidenten Jimmy Carter erarbeitete Bericht »Global 2000« bringt 1980 den Wissensstand über diese Probleme auf den Punkt und hätte zur Grundlage des politischen Handelns werden können, wäre nicht das in ökologischer Hinsicht verlorene Jahrzehnt der Reagan-Administration gefolgt, in dessen Verlauf die Probleme weiter kulminierten, ohne dass wirksame politische Initiativen zu ihrer Bewältigung ergriffen worden wären. 1982 wird das »Waldsterben« zum Begriff, und im selben Jahr werden in Deutschland »Die Grünen« in den Bundestag gewählt – eine erste parlamentarische Repräsentation der Umweltschutzbewegung. Den Status einer wissenschaftlich gesicherten Erkenntnis erlangt 1985 das so genannte »Ozonloch«, verursacht durch die seit 1930 künstlich hergestellten Fluorchlorkohlenwasserstoffe (FCKW), die zu einer Ausdünnung der Ozonschicht in der Stratosphäre führen, sodass die gefährliche ultraviolette Sonnenstrahlung ungehindert auf die menschliche Haut auftreffen kann. An der Entdeckung des Ozonlochs ist der durch Satelliten vermittelte Blick von außen beteiligt, allerdings bleiben die Messdaten, die überhaupt nur erhoben werden, um Vergleichsdaten für eine Erforschung der Atmosphäre der Venus zu gewinnen, zunächst unbeachtet, bis die Beobachtungen einer Bodenstation in der Antarktis die neue Erkenntnis unumgänglich machen. Nach weiteren zehn Jahren erst, 1995, wird ein eigener Satellit zur kontinuierlichen Beobachtung der gesamten Ozonschicht eingesetzt. Das Ozonloch hat merkliche Konsequenzen für das ökologische Problembewusstsein, das mit den Warnungen davor, sich direkter Sonneneinstrahlung auszusetzen, sprunghaft ansteigt; für viele wird nun spürbar, dass die vitalen Grundlagen der Existenz des Menschen selbst bedroht sind. Bereits zur Jahreswende 1988/89 präsentiert das Magazin »Time« daher nicht wie gewohnt das Bild eines Mannes oder einer Frau des Jahres, sondern das Bild des Planeten, das mit einem großen Fragezeichen versehen ist; viele Publikationen führen die erdumspannende ökologische Problematik vor Augen.[35]

Das Verschwinden der »Systemfrage« – Sozialismus oder Kapitalismus –, die über Jahrzehnte hinweg Denken und Phantasie der Menschen gefangen genommen hatte, trägt zunächst dazu bei, dass die ökologische Frage nach 1989 stärker als zuvor wahrgenommen wird, bevor sie angesichts der neuen sozialen Frage wieder ins Hintertreffen zu geraten droht. Der Club of Rome sieht 1991 immerhin die »erste globale Revolution« auf dem Weg, da die »Weltproblematik« mittlerweile ins allgemeine Bewusstsein vorgedrungen sei.[36] Der *Erdgipfel*, der 1992 in Rio de Janeiro stattfindet und verhängnisvoll folgenlos bleibt, ist wenigstens aufgrund seines Zustandekommens bemerkenswert und setzt mit einer »Klimakonvention« das wohl zentrale ökologische Problem auf die Tagesordnung internationaler Politik; von vielen Klimaforschern wird zu diesem Zeitpunkt angenommen (auch wenn es wissenschaftliche Gewissheit hierüber nicht geben kann), dass im 21. Jahrhundert die Temperaturen global um drei bis vier Grad ansteigen werden.[37] Das könnte eine Verschiebung der Klimazonen mit sich bringen, der Meeresspiegel könnte sich aufgrund schmelzenden Eises und sich ausdehnenden Wassers erhöhen und Inseln und ganze Landstriche von der Landkarte tilgen. Der Wasserkreislauf der Erde könnte sich verändern, aufgrund der Erwärmung könnte sich die Atmosphäre stärker mit Wasserdampf anreichern, was wiederum zu vermehrter Wolkenbildung führen und die Windzirkulation beeinflussen würde, verbunden mit der Zunahme extremer Wetterereignisse, einem vermehrten Auftreten von Stürmen und Überschwemmungen. Wer sich im nördlichen Europa steigender Temperaturen zu erfreuen hoffte, könnte aufgrund einer Abkühlung des atlantischen Golfstroms sogar mit sinkenden Temperaturen bei globaler Erwärmung konfrontiert sein.

So entsteht das moderne ökologische Bewusstsein, das nicht mehr das Bewusstsein ist, das andere Zeiten und andere Kulturen von ökologischen Zusammenhängen haben konnten, denn es hat mit anthropogenen Problemen von globaler Reichweite zu tun. Die ganze Erde wird nun erfahrbar als das Haus (griech. *οἶκος*), als Wohnwelt, die die Menschen mit allen Lebewesen und Organismen teilen. Der Begriff der Wohnwelt zeigt besser als die »Umwelt« an, was in Frage steht, nämlich die Existenz des Menschen selbst, die an dieses Wohnen gebunden ist, während die Umwelt eine Welt suggeriert, die die Menschen in ihrer eigenen Existenz nur peripher tangiert. Das Wort *λόγος* im Begriff der Ökologie weist darauf hin, dass es bei der Ökologie um ein Wissen von den Zusammenhängen dieses Hauses geht, vom Ineinanderwirken der verschiedenen Sphären im globalen Maßstab und in kleineren Ökosystemen, wie sie charakteristisch sind für ein Gebiet oder eine Region; im kleinsten Maßstab sind es Biotope, die die unmittelbaren Lebensbedingungen von Lebewesen an einem bestimmten Ort kennzeichnen. *Ökologie* meint somit vom Begriff her eine Kultur des Wohnens und ein Verstehen der Zusammenhänge dieses Wohnens sowohl an einem bestimmten Ort als auch auf dem Planeten überhaupt. Sie hat eine *epistemische Dimension* als Wissenschaft, wenngleich einer Wissenschaft mit unsicherem Status, denn sie ist nicht bezogen auf einen klar abgrenzbaren »Gegenstand«, und die Vielfalt der zu erforschenden Zu-

sammenhänge und Wechselwirkungen ist kaum überschaubar und ständig in Bewegung. Es gibt in dieser
Wissenschaft kein unbeteiligtes, erkennendes Subjekt,
das nicht selbst in die Zusammenhänge vollständig in-
volviert wäre und das sich nicht nur um ein Wissen,
sondern um ein Verstehen bemüht, denn vieles beruht
auf der Bedeutung der Zusammenhänge, die nur her-
meneutisch zu erschließen ist.

Die Ökologie als (nicht nur biologische) Wissenschaft
gewinnt ihre Erkenntnisse in Zusammenarbeit mit Chemie, Physik, Geologie, Meteorologie, Atmosphärologie,
Ozeanographie etc. und verschmilzt mit ihnen zu neu-
en Wissenschaften, sodass sie ein dynamisches, trans-
versales Element im Gefüge der Wissenschaften darstellt. Zu ihren Erkenntnissen gelangt sie sowohl durch
die Erforschung von Zusammenhängen vor Ort als
auch durch die Erhebung globaler Messdaten im orbita-
len Raum. Sie kann nichts darüber aussagen, wie ein
Ökosystem »eigentlich« beschaffen ist, sie kann lediglich dessen Funktionieren zu einem bestimmten Zeitpunkt beschreiben und mit dem Funktionieren zu einem anderen Zeitpunkt vergleichen, um auf Kontinui-
täten und Diskontinuitäten zu schließen und mögliche
oder wahrscheinliche Entwicklungen vorherzusagen.
Zweifellos ist sie mit Natur befasst, aber was »authenti-
sche« Natur ist, lässt sich weniger denn je ausmachen,
da die menschliche Einwirkung darauf ein erdumspan-
nendes Ausmaß angenommen hat, sodass die als Natur
erscheinende hervorgebrachte Natur (*natura naturata*)
nicht mehr unabhängig vom Menschen für sich allein

existiert. Das Gesicht des Menschen zeichnet sich längst ab in dieser Landschaft, die noch Natur genannt wird. In wachsendem Maße gilt dies selbst für die hervorbringende Natur (*natura naturans*), auf die mit technischen Mitteln auf atomarer und molekularer Ebene eingewirkt werden kann, sodass Natur bereits im Moment ihrer Entstehung der Manipulation durch die »Noosphäre« des Menschen ausgeliefert ist. Mensch und Natur sind nicht mehr die getrennten Welten, als die sie im Gefolge der cartesianischen Trennung zwischen einem rational denkenden Subjekt (*res cogitans*) und einer ihm gegenüberliegenden Natur, die sich im Raum erstreckt (*res extensa*), gesehen werden konnten, wie dies noch im Wortgebrauch vom Menschen einerseits und seiner Umwelt andererseits zum Ausdruck kommt. Die Naturauffassung hat ihre eigene Geschichte, nun aber sind Mensch und Natur intim und global miteinander verflochten: Der Mensch ist nicht nur selbst Teil des Systems, das Natur genannt wird, und ist ihm nicht nur unterworfen, sondern greift selbst in das Funktionieren des Systems ein und verändert es dermaßen, dass von Natur im objektiven Sinne nicht mehr die Rede sein kann.

Ökologie erschöpft sich jedoch nicht in ihrer epistemischen Dimension als Wissenschaft, sondern beinhaltet ebenso eine *ethisch-asketische Dimension*. Die Ökologie als Wissenschaft kann nur gegebene Zustände und deren Veränderung erforschen; was mit Erkenntnissen hierüber jedoch zu tun ist, ist eine Fragestellung der Ökologie als Ethik und als Lebenskunst. Zwar kann die als Ethik und Lebenskunst verstandene Ökologie auf das Wissen über Zusammenhänge nicht verzichten, lässt es jedoch nicht unreflektiert und kritiklos auf die Frage der Haltung und des Verhaltens durchschlagen. Erneut ist eine ganze Hermeneutik in Gang zu setzen, die darin besteht, das Wissen zu interpretieren und zu bewerten, es in Bezug zum Leben, wie es gelebt wird, zu setzen und es so dem Lebenswissen einzugliedern. Die Wissensarbeit, die ökologische Strukturen und Zusammenhänge aufklärt, und die Interpretationen dieses Wissens dienen letzten Endes der zu treffenden Wahl, inwieweit Zusammenhänge zu berücksichtigen, außer acht zu lassen oder zu verändern sind.

Ethik kommt hier auf drei Ebenen in Betracht: Auf der Ebene von *Ethik I* können die Prinzipien etwa des kategorischen Imperativs, des herrschaftsfreien Diskurses, des utilitaristischen Nutzens oder der zu übernehmenden Verantwortung auf ökologische Fragen bezogen werden, um über die Haltung und das Verhalten zu entscheiden; freilich kann keines der Prinzipien die Wahl normieren, die vom Individuum selbst zu treffen ist. Auch auf der Ebene von *Ethik II*, auf der es um die Suche nach möglichen allgemeinen Regelungen im Hinblick auf konkret sich stellende Probleme geht, wird der Einzelne nicht aus seiner Selbstverantwortung für die Wahl entlassen, ob und wie er sich am Prozess der Regelfindung beteiligt und die instituierten Regelungen schließlich selbst umsetzt. In jedem Fall ist also die Ebene der individuellen Lebensführung und der Lebenskunst, *Ethik III*, unverzichtbar schon für die beiden ersten Ebenen; zudem ist dies die Ebene, auf der nicht erst die Letztbegründung theoretischer Prinzipien und das Wirksamwerden allgemeiner Regelungen abgewartet werden muss, um zu einer eigenständigen *ökologischen Lebensführung* in der Lage zu sein. Als Ökologe ist dann nicht mehr nur der Repräsentant der Ökologie als Wissenschaft zu bezeichnen, sondern derjenige, der das ökologische Bewusstsein zur Grundlage seiner Lebensführung macht und sich auf kluge und sensible Weise in ökologische Zusammenhänge einzufügen versucht, jedenfalls umsichtig und vorsichtig mit ihnen verfährt. Auf allen Ebenen hat ökologische Ethik und Lebenskunst jedoch mit dem Problem der Technik zu tun, das sich als zentral für die gesamte ökologische Fragestellung erweist.

Technik, Technologie und Lebenskunst

Die ökologische Problematik ist nicht neu, sie hat die gesamte abendländische Geschichte begleitet.[38] Neu ist ihr Ausmaß, das sie nach den technischen und industriellen Modernisierungsschüben im 19. und 20. Jahrhundert gewonnen hat und das sich zu einem Verhängnis für die gesamte Menschheit auszuwachsen droht. Nach dem Zweiten Weltkrieg und für die Dauer des »Kalten Krieges« ist es die Technik der Kernspaltung, die zum ersten Mal in der Menschheitsgeschichte die Selbstauslöschung der menschlichen Existenz möglich gemacht hat.

Dies zwingt eine Auseinandersetzung mit der Macht, die die Technik darstellt, herbei; dafür steht Heideggers »Frage nach der Technik« von 1953. Im Schlagschatten der spektakulären Atomtechnik sind es jedoch vor allem alltäglich gebrauchte Techniken, die die ökologischen Probleme kulminieren lassen, ohne dass dies zunächst bemerkt worden wäre. Die fünfziger Jahre sind die Zeit des »Aufblühens« der Weltwirtschaft nach dem Zweiten Weltkrieg – als besonders problematisch aber erweist sich ausgerechnet die Kraftquelle des gesamten Fortschritts, die fossile Energiegewinnung, mit der allein Technik in nie dagewesenem Ausmaß hergestellt und angetrieben werden kann, die jedoch zugleich Schadstoffe in riesigem Ausmaß freisetzt: Mehrere Milliarden Tonnen Kohlendioxyd pro Jahr gelangen am Ende des 20. Jahrhunderts aufgrund der Verbrennung fossiler

Energieträger in Kraftwerken, Autos und Flugzeugen in die Atmosphäre.

Die Selbstverständlichkeit, die die Existenz der Technik für moderne Menschen gewonnen hat, ist geeignet, allzu leicht den Blick für ihre Eigentümlichkeit zu verstellen. *Was ist Technik*? Eine Antwort auf diese Frage hilft, ihr Zustandekommen besser zu verstehen, ihre verschiedenen Erscheinungsformen kennenzulernen, die Probleme der herrschenden Technikauffassung auf den Begriff zu bringen und nach alternativen Techniken zu suchen. Zuvörderst ist Technik ein Gedanke: Ihre Voraussetzung ist die menschliche *Vorstellungskraft* und der sich daraus ergebende Erfindungsreichtum, was auf welche Weise bearbeitet werden kann, um bestimmte Wirkungen zu erzielen und Probleme zu lösen. Die Vorstellungskraft selbst scheint unbegreiflich zu sein, sie ist jedoch in jedem Fall an das Individuum gebunden, das »Ideen hat« und dabei nicht unbedingt methodisch verfährt. Einer methodischen Vorgehensweise, einer *Verfahrenstechnik* bedarf allerdings die Verwirklichung der Ideen, die umso gekonnter betrieben werden kann, je durchdachter die Arbeitsabläufe zergliedert werden und ineinandergreifen und je eingeübter und regelmäßiger die methodische Vorgehensweise in der Praxis ist, um ein materielles oder immaterielles Werk herzustellen.

Zur Technik ist auch bereits das *Handwerk* zu zählen, diejenige methodische Vorgehensweise, die mit begrenzter theoretischer Kenntnis, aber umso größerer Fingerfertigkeit Dinge herzustellen und erfahrungsgesättigt mit ihnen umzugehen weiß. Diese Art von Technik, die nicht zufällig im modernen Begriff der Technik keinen Platz gefunden hat, bindet die Herstellung eines Werkes an das Individuum, das seine eigene Arbeitsenergie in dieses Werk investiert und daher kein gleichgültiges Verhältnis dazu unterhält. Zur Technik gehört ebenso die Arbeit am *Kunstwerk*, die schon in der Antike frei von einem direkten Verwertungszusammenhang, jedoch von Regeln geleitet ist, wobei die Regeln in der Moderne vom Künstler selbst frei gewählt werden, um das Werk als Selbstzweck oder des individuellen Ausdrucks wegen zu schaffen. Gänzlich außer Blick geraten ist in der Moderne allerdings die Arbeit an dem Kunstwerk, das das Selbst aus sich und seinem Leben machen kann, die *subjektive Technik* bzw. Technologie des Selbst und Kunst des Lebens, die in den Technikphilosophien des 20. Jahrhunderts kaum Berücksichtigung fand und doch den Boden dafür bereiten könnte, ein verändertes Verhältnis zur Technik zu gewinnen, das der »freien Beziehung« nahekäme, von der Heidegger träumte.

In der Moderne wurde der Begriff der Technik reduziert auf die *objektive Technik*, die zum einen den Prozess der methodischen, fließbandmäßigen, entindividualisierten Herstellung von Objekten meint, zum anderen jedoch die Gesamtheit dieser hergestellten Objekte selbst umfasst, die einen eigenen, quasiontologischen Status für sich beanspruchen, als würden sie aus sich selbst heraus existieren, während sie sich doch in jeder Hinsicht dem Denken und der Arbeit von Subjekten verdanken, denn auch hier ist es die Vorstellungskraft, die zur Herstellung führt; der Herstellungsprozess beruht zudem auf der Nutzung von Natur, die im großen Stil benutzt und zugleich umgestaltet wird. Im Unterschied zur mechanisch funktionierenden Technik ist die *Technologie* darüber hinaus die Weiterentwicklung zum »intelligenten« Prozess, der sich über komplexe Rückkoppelungen selbst steuert und erst recht ein Eigenleben entfaltet; die Beteiligung von Menschen wird weitgehend verzichtbar. Gleichwohl ist es die Intelligenz und Kreativität Einzelner, die das Vorstellen und Programmieren dieser Prozesse überhaupt möglich macht; die Technologie wächst wie die Technik aus dem Menschen heraus, auch wenn sie den Eindruck von Selbsttätigkeit und eigener Wesenhaftigkeit vermittelt. Und jede Arbeit an einem Werk der Technik oder Technologie, jeder Umgang damit ist zugleich eine Arbeit des Subjekts an sich selbst, gemäß dem Grundsatz *fabricando fabricamur*: Das Subjekt gestaltet und verändert sich selbst auf diese Weise, subjektive und objektive Technik sind eng miteinander verknüpft; Herstellung und Gebrauch von Technik und Technologie sind Weisen der Selbstaneignung und der Aneignung von Welt, durch die das Subjekt ein erfülltes Leben zu realisieren sucht oder aber dieses erfüllte Leben verfehlt.

Ins Werk gesetzt von Menschen, ist die objektive Technik und Technologie mit der ihr innewohnenden Eigendynamik in der Moderne allerdings zu einer Geschichtsmacht ersten Ranges geworden, die das erfüllte Leben ebenso befördert wie bedroht. Fünf Probleme, von Hans Jonas mit großer Klarheit formuliert,[39] haben dabei eine abgründige Tragweite offenbart: 1. *Ambiva-*

lenz der Wirkungen: Damit ist nicht etwa nur gemeint, dass der Einsatz von Technik nützliche oder problematische Konsequenzen nach sich zieht, sondern dass gerade die nützliche Anwendung einer Technik von einem bestimmten Punkt an problematische Konsequenzen mit sich bringen kann, sodass paradoxerweise die Gefahr der Technik »mehr im Erfolg als im Versagen« liegt. 2. *Zwangsläufigkeit der Anwendung:* Gewöhnlich bedeutet, über eine Macht zu verfügen, nicht zwangsläufig, sie auch ausüben zu müssen. Lediglich im Falle der Technik scheint aller Erfahrung nach die bloße Verfügungsmacht zwangsläufig ihre Anwendung zur Folge zu haben, die »wohltätige Trennung« (Akt-Potenz-Differenz) zwischen Verfügung und Anwendung wird, aus welchen Gründen auch immer, nicht aufrechterhalten. 3. *Globale Ausmaße in Raum und Zeit:* Jede Anwendung von Technik schlägt rasch ins »Große« um, allein schon aufgrund der Tatsache, dass sie von einer sehr großen Anzahl von Menschen genutzt werden kann. Technik, vor allem aber ihre Wirkung, findet räumliche Verbreitung rund um den Planeten, und sie nimmt in zeitlicher Weiterung Einfluss auf die Lebensbedingungen künftiger Generationen; momentaner und kurzfristiger Vorteile wegen werden enorm weitreichende und langfristige Konsequenzen in Kauf genommen. 4. *Durchbrechung der Anthropozentrik:* Die Reichweite der Technik bringt nicht nur Konsequenzen für den Menschen selbst mit sich, das »Übermaß an Macht«, das sie ihm verleiht, bedroht vielmehr die gesamte Biosphäre des Planeten, deren Verletzung wiederum die Existenz des Menschen selbst bedroht, sodass der Mensch um seiner selbst willen sich von der Fixierung auf sich selbst lösen muss, um seine Solidarität mit allem, was ist und lebt, zu entdecken. 5. *Aufwerfung der metaphysischen Frage:* Im Hinblick auf das »apokalyptische Potential der Technik«, das es möglich erscheinen lässt, das höhere Leben auf dem Planeten zu zerstören und das Leben des Menschen selbst auszulöschen, stellt sich die nie zuvor gestellte Frage, ob es überhaupt eine Menschheit geben soll, und wenn ja, warum.

Die ökologische Lebenskunst trägt dazu bei, Antworten hierauf zu finden. Was die ambivalenten Wirkungen der objektiven Technik und Technologie angeht, so lassen sie sich nicht wirklich aufheben, nur auffangen durch die *kritische Reflexion der Technik* und die Sensibilisierung für ihren bewussten Gebrauch – Technik-Ethik und Technikphilosophie leiten hierzu an, nicht zuletzt aufgrund der historischen Erfahrung, dass der Enthusiasmus, auf dessen Wogen neue Techniken Verbreitung finden, wie auch die Vehemenz, mit der sie zurückgewiesen werden, regelmäßig blind machen für eine gezielte, reflektierte Anwendung. Die Reflexion ist gleichsam ein Herausspringen aus den mechanisch ablaufenden und perfekt sich selbst steuernden Prozessen, um die Bedingungen und Konsequenzen ihres Funktionierens zu klären und das Subjekt in Bezug dazu zu setzen. Angesichts des Problems, dass Technik nur noch »in verdinglichter Form, als fertiges Produkt der Ingenieurstätigkeit« erscheint, kommt es darauf an, diesen verdinglichten Technikbegriff aufzulösen.[40] Das geschieht, indem objektive und subjektive Technik, statt getrennt voneinander, in ihrem Verhältnis zueinander gesehen werden, sodass Technik als Technik der Organisation und Gestaltung des Lebens begriffen und als Werkzeug der Lebenskunst kritisch beurteilt werden kann.

Gegenüber der Zwangsläufigkeit der Anwendung von Technik betont das Subjekt der Lebenskunst die *Frage der Wahl und des Gebrauchs* sowohl auf allgemein-gesellschaftlicher Ebene als auch in dem Bereich, der vom Individuum unmittelbar selbst zu verantworten ist. Auch wenn es eine Eigendynamik der Technik gibt und über ihren Einsatz häufig politische und ökonomische Interessen entscheiden, auf die das Individuum keinen unmittelbaren Einfluss hat, so trifft es doch zu, dass über die Anwendung im eigenen Umfeld das Individuum selbst befindet, und auch die Wahl hinsichtlich der Art des Gebrauchs, der von einer Technik im Alltag gemacht wird, obliegt ihm selbst. Ein wählerisches Verhältnis zur Technik zu gewinnen bedeutet, dass die bloße Möglichkeit, über eine Technik verfügen zu können, nicht in ihre zwanghafte Anwendung in der Praxis münden muss, aus dem Potenzial also nicht zwangsläufig dessen Aktualisierung folgt. Welcher Stellenwert welcher Technik im eigenen Leben eingeräumt wird, ist vielmehr eine Frage des individuellen Selbstverständnisses, die Art ihres Gebrauchs ist ein Bestandteil der Selbstgestaltung, denn der Umgang mit technischen Objekten und Prozessen wirkt auf das Selbst zurück, wird von ihm verinnerlicht und trägt zu seiner Subjektivierung bei.

Auf das Problem globaler Ausmaße in Raum und Zeit, das sich schon aus dem massenhaften alltäglichen Gebrauch bestimmter Techniken ergeben kann, antwortet das *räumlich und zeitlich erweiterte Bewusstsein* des Subjekts der Lebenskunst. Die alltägliche, traditionelle Nahwahrnehmung, die noch von prämodernen Verhältnissen herrührt und unter herkömmlichen Bedingungen völlig ausreicht, kann der Reichweite moderner Technik und Technologie in keiner Weise Rechnung tragen und ist daher um eine Weitsicht zu ergänzen, die sich für die räumlich und zeitlich weiter reichenden Zusammenhänge des Einsatzes bestimmter Techniken interessiert. Zum Instrumentarium dafür wird die Woher-Wohin-Frage, die vom Subjekt immer wieder neu gestellt wird: Woher kommt diese und jene Technik, woher kommen die Stoffe und Energien, die für ihre Herstellung und ihre Anwendung aufgewendet werden, wohin gehen sie, wenn sie verbraucht worden sind, und welche Konsequenzen zieht ihr Verbrauch nach sich, auch wenn die Folgen an weit entfernten Orten spürbar werden oder in künftigen Zeiten erst zu gewärtigen sind?

Die Bedrohung der gesamten Biosphäre durch menschliche Eingriffe, deren Konsequenzen wiederum auf die Existenz des Menschen selbst zurückschlagen und daher die Durchbrechung der Anthropozentrik erforderlich machen, lässt sich mit der Suche nach *anderen Techniken und Technologien* beantworten, die nicht dieselben Probleme aufwerfen, schonender mit ökologischen Zusammenhängen verfahren und sich besser in sie einfügen. In Frage steht ein »Ergrünen der Technologie«,[41] eine erneute Aktivierung der Vorstellungskraft, um zu neuen Erfindungen und zum Einsatz intelligenter Technologien zu kommen, die die überkommenen »Dinosaurier-Technologien« abzulösen vermögen. Sieben Kriterien sind für eine ökologische Transformation der Technik bereits formuliert worden,[42] die das doppelte Ziel einer Schonung ökologischer Zusammenhänge und des Menschen selbst im Blick haben: 1. Sauberkeit (Emissionsvermeidung), 2. Energieproduktivität (höchste Energieeffizienz), 3. Rohstoffproduktivität (Rezyklierung), 4. ökologische Flächennutzung, 5. hohe Informationsintensität und Miniaturisierung, 6. Fehlerfreundlichkeit, 7. Eignung für Eigenarbeit. Neue Formen von Arbeit, die auch das Handwerk, die künstlerische Arbeit, die Arbeit des Selbst an sich und die Arbeit, die selbst zur »Kunst« wird, umfassen, entdecken den erweiterten Technikbegriff wieder und tragen zur ökologischen Transformation der Technik bei.

Es ist der Erfindungsreichtum der Individuen, mit dessen Hilfe darüber hinaus neue Techniken und Technologien entwickelt werden können, deren Brauchbarkeit noch zu erproben und deren eigene Ambivalenz erst zu erfahren ist. Durch eine Technologie, die unmittelbar aus dem Leib und der Denkbewegung des Subjekts herauswächst, kann die Schnittstelle (»Interface«) zwischen Subjekt und objektiver Technik zum Verschwinden gebracht und die Interaktion zwischen Mensch und Maschine intensiviert werden. Mit kybernetisch hergestellten Organismen verwischt die »Cyborg-Technik« die Grenzen zwischen menschlicher

Technik und organischer Natur. Umgekehrt macht die »Bionik« natürliche Funktionsweisen selbst zur Technik: Besonders vielversprechend erscheint die biologische Solartechnologie, die die Funktionsweise der Photosynthese technisch zu reproduzieren und zur Energiegewinnung zu nutzen sucht. Die »Phytotechnologie« wiederum kann eingesetzt werden, um eine so genannte »Chemie rückwärts« zu betreiben, also Stoffe, vor allem Giftstoffe und kompostierbare Kunststoffe, mithilfe von Pflanzen und Mikroorganismen wieder in ihre Grundbestandteile zu zerlegen und in elementare Kreisläufe zurückzuführen. Eine sehr weitreichende neue Technologie, die die Überschaubarkeit einer großen Zahl komplexer Wechselwirkungen voraussetzt, ist die »Ökopoiese«, die dazu dienen kann, ganze Ökosysteme und Biosphären künstlich zu erzeugen oder zerstörte ökologische Zusammenhänge wiederherzustellen.

Unbeantwortet ist jedoch noch die vom apokalyptischen Potenzial der modernen Technik aufgeworfene metaphysische Frage, ob es überhaupt eine Menschheit geben soll. Auch wenn einer ökologischen Lebenskunst im umfassenden Sinne zugetraut wird, zur »richtigen Selbsteinschätzung der durch Technik vermittelten Macht« beizutragen,[43] um entsprechend vorsichtig vorzugehen und für das Wohlergehen der Gattung Mensch zu sorgen, bleibt diese Frage offen. Ein erneuerter kategorischer Imperativ, wie er bei Hans Jonas die Stelle einer Antwort vertritt und dem gemäß es der Menschheit geboten wäre, zu existieren, sowie verboten, diese Existenz auch nur annähernd zu gefährden, reicht nicht aus, denn der Imperativ vermag nichts daran zu ändern, dass die Individuen in jedem Fall frei sind, ihre eigene Wahl zu treffen; nichts und niemand kann sie zu einer bestimmten Wahl zwingen. *Soll es eine Menschheit geben?* Das ist nicht etwa nur eine »fundamentalethische Frage«, zu deren Beantwortung es genügen würde, ethische und moralische Gründe für ein »Verebben der Menschheit« ins Feld zu führen, in der Hoffnung, Widerstandskräfte hiergegen zu wecken.[44] Vielmehr ist wirklich eine Wahl zu treffen, und in die freimütige Urteilsbildung hierüber finden die verschiedensten Argumente und Beweggründe Eingang. In der Tat erfährt das Subjekt hier die äußerste Konsequenz moderner Freiheit, der es nicht entrinnen kann: Der Mensch, jeder einzelne, ist frei, mit darüber zu befinden, welches Ausmaß die ökologische Zerstörung annehmen kann und ob es, wenn das äußerste Ausmaß ins Auge gefasst wird, eine Menschheit noch geben soll oder nicht. Wie wird diese Fundamentalwahl getroffen? Soll man sich eine planetenweite Abstimmung darunter vorstellen? In gewisser Weise ja. Jeder wählt – nämlich mit seinem Leben, mit der Art des Vollzugs seiner Existenz, mit dem Stil der Existenz, sei es durch eine aktive Wahl oder Abwahl, eine explizite oder implizite passive Wahl, oder durch eine Nichtwahl, die gleichwohl eine Wahl ist. Nach langer Zeit erst wird das Resultat bekannt sein.

Aus dem bloßen Zustand der drohenden Zerstörung kann ein Imperativ des Handelns nicht zwingend abgeleitet werden: Aus einem Sein folgt kein Sollen. Überdies stimmen keineswegs alle Menschen darin überein, dass es eine existenzielle Bedrohung überhaupt gibt, und keineswegs alle ziehen aus einer Bedrohung den Schluss, ihr Rechnung tragen zu sollen. Auch ist nicht klar, welche Handlungen die richtigen wären und von wem sie auszuführen wären, würde die Bedrohung ernst genommen. Sollte es wirklich um die Existenz der Menschheit gehen (und dies kann zumindest nicht mehr ausgeschlossen werden), dann sind ebenso gute Gründe *für sie* wie *gegen sie* ins Spiel zu bringen, die sich letzten Endes darauf reduzieren lassen, dass ihre Existenz schön und bejahenswert, im anderen Falle aber hässlich und verneinenswert erscheint. Für die einen ist die Schönheit menschlicher Existenz selbst durch die Erfahrung von Leid nicht zu beeinträchtigen, für die anderen liefert gerade das Leid, das Menschen zu ertragen haben und das sie ihresgleichen und anderen Lebewesen zufügen, den Grund dafür, ein Verschwinden der Menschheit für wünschenswert zu halten. Und während es manchen nur um den momentanen Genuss des Lebens geht, gleichgültig gegen längerfristige Konsequenzen, die dies mit sich bringen kann, ziehen andere wiederum den höchsten Genuss daraus, weit über sich hinaus zu denken und zu handeln, Lebensgrundlagen zu erhalten und das Leben weiterzutragen. In dieser Situation ist eine Wahl zu treffen, die niemand dem Einzelnen abnehmen kann, auf die jedoch alles ankommt. Grundlage dieser Wahl kann nur die Klugheit sein, die, auf der Basis von Sensibilität, »nach bestem Wissen und Gewissen« zu handeln erlaubt und die hierfür nicht erst letzter

Gewissheit bedarf – denn wenn die letzten Unsicherheiten ausgeräumt sind, wird es wohl für ein Handeln mit großer Wahrscheinlichkeit zu spät sein. Die Frage, ob auf Klugheit wirklich gebaut werden kann, da doch die Unklugheit eine anthropologische Konstante zu sein scheint, erübrigt sich, denn die Alternativen, die sich hinsichtlich der Existenz des Menschen der Fundamentalwahl darbieten, spitzen sich darauf zu, *klug oder tot* zu sein, *tertium non datur*. Es ist unbekannt, welches Quantum an »Wählerstimmen« dabei den Ausschlag geben wird, und es wird nie ein »amtliches Endergebnis« festgestellt werden. Gewiss erscheint nur, dass diese Wahl stattfindet und dass es kein absolutes Argument gegen die Alternative des Todes gibt, denn es handelt sich allen Ernstes um eine Wahl.

Ökologische Klugheit

Der Autismus modernen Menschseins war ausschlaggebend dafür, dass sich die von Menschen geschaffene moderne Technik verselbständigen konnte, ohne dass dies recht bemerkt worden wäre. Die ultimative Frage, ob es eine Menschheit geben soll, ist die Konsequenz einer Epoche, in der Menschen sich vorzugsweise für die Innerlichkeit ihrer selbst interessierten, und die äußere, technisch werdende Welt sich selbst überließen. Hoppers Bild »Exkursion in die Philosophie« zeugt von dieser Zeit, in der die bürgerliche Welt noch solchermaßen in Ordnung war, und es stellt diese Ordnung als Selbstbezogenheit der Individuen in einer Umgebung des Wohlstands dar. Nicht einmal miteinander sind diese Individuen beschäftigt, sondern jeder ist es mit sich selbst: Zwangsläufige Folge einer Entwicklung, in deren Verlauf das Subjekt sich von der äußeren Welt gelöst hat, um sich in die Tiefen seiner selbst zu versenken. Die sozialen und ökologischen Folgen dieser Konstellation, zu deren Zustandekommen das Vergessen der Klugheit beitrug, aufzuspüren und anzuprangern blieb jenen überlassen, die sich, ausgestattet mit hypochondrischer Feinfühligkeit und revolutionärem Elan, auf der Suche nach dem »wahren Leben« der Ignoranz der bürgerlichen Welt entgegenstellten, deren Enge verließen und mit neuer Aufmerksamkeit die äußere Welt und die Bedrohtheit des Lebens in ihr wahrnahmen.

Nur aus dem *existenziellen Eigeninteresse* von Individuen kann die ökologische Klugheit hervorgehen, einem *aufgeklärten* Eigeninteresse jedoch, das nicht bei der Introspektion des Selbst verharrt, sondern sich um einer schönen und bejahenswerten Existenz willen für deren Bedingungen und Möglichkeiten interessiert. In die Diskussion über eine ökologische Ethik hat dies als Argument der »existentiellen Bedeutsamkeit« Eingang gefunden.[45] Ökologische Zusammenhänge werden von Individuen als »existenziell bedeutsam« beurteilt, wenn sie die Bedingungen und Möglichkeiten ihres eigenen Lebens mit ihnen verknüpft sehen. Dieses ökologische Eigeninteresse kann gesellschaftliche Berücksichtigung vor anderen Interessen beanspruchen, da die frühzeitige Antwort auf eine mögliche ökologische Gefährdung Andere nicht in ihrer Existenz beeinträchtigt, ganz im Gegenteil: Ihre Existenzgrundlagen werden bewahrt. Wenn dagegen die mögliche Gefährdung nicht ernst genommen wird, aber tatsächlich ihren Lauf nimmt, ist nicht nur die Existenz derer in Frage gestellt, die sich sorglos verhalten, sondern auch derer, die sich sorgen, darüber hinaus aber noch jener, die für all das nichts können: Nicht von ungefähr werfen heranwachsende Generationen den Älteren Gedankenlosigkeit beim Umgang mit den Lebensgrundlagen ihrer Nachkommen vor, auf deren Kosten sie ihr »gutes Leben« führten.[46]

Zum aufgeklärten Eigeninteresse führt der Weg über eine gesteigerte Aufmerksamkeit und Achtsamkeit, eine verstärkte Wahrnehmung, sinnlich, strukturell und virtuell, um die nötige Sensibilität auf individueller und

Edward Hopper, Exkursion in die Philosophie
(Excursion into Philosophy), 1959.
Öl auf Leinwand, 76,2 x 101,6 cm.
Sammlung Richard M. Cohen.

gesellschaftlicher Ebene zu gewinnen. Das Subjekt bemüht sich um *Rücksicht auf gewachsene Zusammenhänge*, indem es sich Kenntnisse über deren Herkunft und Geschichte aneignet und bereits gemachte Erfahrungen im Umgang mit ihnen in die eigene Urteilsbildung einbezieht. So wird berücksichtigt, dass ökologische Zusammenhänge sich auf verschlungenen Wegen über lange Zeit hinweg gebildet haben und durch einen einzigen unbedachten Eingriff zunichtegemacht werden können. Die *Umsicht als aufmerksame Wahrnehmung der Wohnwelt* wiederum versucht möglichst alle Aspekte und Faktoren in den Blick zu bekommen, die eine aktuelle Situation im engeren und weiteren Umkreis bestimmen und in irgendeiner Weise für das Leben, wie es gelebt wird, von Bedeutung sein können, auch wenn sie nicht in unmittelbarem Bezug zum eigenen Leben zu stehen scheinen. Die *Vorsicht als zurückhaltendes Vorgehen* trägt den durch Rücksicht und Umsicht erschlossenen Bedingungen Rechnung, und das Subjekt orientiert sein Verhalten an der Einsicht in sie, um sich so weit wie möglich in bestehende ökologische Zusammenhänge einzufügen und nichts zu unternehmen, was dieses Gefüge und das Subjekt selbst, das davon abhängt, unverhältnismäßig gefährden könnte. Die *Voraussicht auf künftige Verhältnisse* erweitert den Horizont der Sensibilität über das Gewachsene und Gegenwärtige hinaus auf die künftigen Konsequenzen des gegenwärtigen Verhaltens sowie auf die Möglichkeiten und Herausforderungen, die künftig zu erwarten sind und auf die es frühzeitig Antworten zu finden gilt.

Mithilfe dieser vier Aspekte lässt sich das *Selbsterhaltungsprinzip* der ökologischen Klugheit realisieren: Sich nicht in eine Situation zu begeben, in der die ökologische Gefährdung so sehr auf das Subjekt selbst und den Menschen allgemein zurückschlagen könnte, dass es womöglich kein Entrinnen mehr gäbe; nichts zu tun, was die Möglichkeit zu einem freien und selbstmächtigen Leben auslöschen könnte. Der erste ökologische Imperativ kann auf dieser Grundlage formuliert werden: Handle so, dass du die Grundlagen deiner eigenen Existenz nicht ruinierst. Diesen Imperativ anzuerkennen ist ein Akt der Selbstgesetzgebung, nichts und niemand kann seine Anerkennung dem Subjekt auferlegen; ihn zu befolgen resultiert allein aus eigener Einsicht. Jederzeit ist es möglich, dem Imperativ zuwiderzuhandeln – dieses Verhalten kann lediglich keinen Anspruch auf Klugheit erheben. Zweifellos kann der Ansatz, dem Subjekt selbst zentrale Bedeutung bei der Beantwortung ökologischer Fragen zuzumessen, als *aufgeklärt anthropozentrisch* bezeichnet werden. Da die ökologische Problematik offenkundig *anthropogen* ist, vom Menschen verursacht, sollte die Antwort darauf auch vom menschlichen Subjekt selbst gegeben werden, statt eine *anthropofugale* Haltung einzunehmen, die Existenz des Menschen also nach vollbrachter Tat zu leugnen und zu fliehen. Zwar kann der anthropozentrischen Orientierung vorgeworfen werden, zu sehr der Tradition abendländischer Kultur verhaftet zu bleiben, aber nicht anderen Kulturen ist die Suche nach Antworten zuzumuten, sondern die Verursacherkultur selbst sollte ihre Tradition revidieren und insbesondere die problematische Moderne (Subjektkonzept, Weltverhältnis, Technikverständnis, Vernunftauffassung) modifizieren. Der Unterschied zum traditionellen Anthropozentrismus besteht darin, dass die Bedeutung des menschlichen Subjekts nun nicht mehr aus kosmologischen (Mittelpunkt des Kosmos) oder ontologischen (Herr des Seins) oder teleologischen (Krone der Schöpfung) Gründen abgeleitet, sondern allein auf seine Fähigkeit zum pragmatischen, klugen Handeln bezogen wird. Aufgeklärt anthropozentrisch ist dieser Ansatz auch, da es nicht noch einmal darum gehen kann, dem Menschen allein intrinsischen, eigenständigen Wert zuzusprechen, wohingegen alles sonst, was ist und lebt, nur extrinsischen, abgeleiteten Wert hätte, vielmehr ist beim menschlichen Subjekt der Ansatzpunkt der Sorge auch für anderes Leben und für die ökologischen Zusammenhänge, in denen es lebt, zu suchen.

Das *Umkehrgebot* der ökologischen Klugheit erweitert zunächst die Perspektive des einzelnen Subjekts um die Perspektiven Anderer, die von einem Handeln oder Nichthandeln betroffen sind, um deren Sichtweisen im selben Maße zu berücksichtigen, wie dies das Selbst sich von Anderen auch für sich selbst erhofft; daher der zweite ökologische Imperativ: Handle so, dass du die Konsequenzen deines Handelns für Andere in einer Weise berücksichtigst, wie du selbst dies von Anderen erwarten würdest. Die Einbeziehung Anderer umfasst aber nicht nur die Individuen der *gegenwärtig lebenden*, sondern auch der *künftig möglichen* Generationen, deren Möglichkeiten in der Gegenwart eröffnet oder verschlossen werden. Der Anspruch, frei und selbstmächtig ein bejahenswertes Leben zu gestalten, ist potenziellen Subjekten ebenso zuzugestehen, wie gegenwärtige Subjekte umgekehrt die Voraussetzungen für sich in Anspruch nehmen, die von Anderen in vergangenen Zeiten für ihre Existenz geschaffen worden sind.

Das Umkehrgebot der ökologischen Klugheit geht ferner über die Perspektiven menschlicher Subjekte noch hinaus und bezieht weitere Sichtweisen mit ein, die als grundlegend für eine ökologische Ethik diskutiert werden. Die Selbstzentriertheit des Subjekts wird dabei durchbrochen, um *pathozentrisch* das mögliche oder tatsächliche Leid Anderer und anderer Lebewesen in den Mittelpunkt der Aufmerksamkeit zu rücken und aus dieser Perspektive das eigene Verhalten zu bedenken. Bei aller Einfühlung in dieses Leid (exemplarisch: Arthur Schopenhauer) erscheint es unter Aspekten der Klugheit freilich geboten, nicht zu sehr von der Möglichkeit einer idealen, leidfreien Welt zu träumen, die nur eine Variante der widerspruchsfreien Welt wäre, deren Realisierungsversuche historisch noch stets mit einer vehementen Rückkehr der Widersprüche endeten.

Mithilfe des Umkehrgebots ist des Weiteren die *biozentrische* Sichtweise nachzuvollziehen, die der Bedeutung des gesamten organischen Lebens Rechnung trägt und die Aufmerksamkeit für alles Leben, ja die Ehrfurcht vor dem Leben kultiviert (Beispiel: Albert Schweitzer). Dies erweitert den Horizont der Klugheit auf sämtliche Erscheinungsformen des Lebens, denen menschliches Leben sich verdankt und deren Beeinträchtigung oder Zerstörung, sobald organisches Leben Lebensräume aufgrund menschlicher Eingriffe verliert, in der Folge auf den Menschen selbst zurückfällt und dessen Lebensgrundlagen in Frage stellt.

Am weitesten aber reicht das Umkehrgebot, wenn die *holistische* Perspektive noch mit berücksichtigt wird, die »das Ganze« (griechisch τὸ ὅλον) im Blick hat, nicht etwa nur die belebte Natur, sondern die anorganischen Elemente des Planeten in ihrer Wechselwirkung mit der organischen Welt (Beispiel: James Lovelock). So findet die Gesamtheit der ökologischen Zusammenhänge in das Kalkül der ökologischen Klugheit Eingang, denn es ist letztlich diese Gesamtheit, deren Gefährdung empfindliche Konsequenzen für den Menschen selbst hat, auch wenn es nicht erforderlich ist, sich unter »dem Ganzen«, wie es häufig geschieht, eine abgeschlossene, harmonische Ganzheitlichkeit vorzustellen, von der Menschen als lebende »Störung« gänzlich fernzuhalten wären. In ökologischen Zusammenhängen hat sehr wohl auch die Störung ihren Platz, und was menschlich induzierte Störungen angeht, wird sich »das Ganze« ohnehin irgendwie zu behelfen wissen, notfalls ohne Menschen.

Vor diesem Hintergrund geht es schließlich darum, dem *Überheblichkeitsverbot* der Klugheit auch in ökologischer Hinsicht Genüge zu tun, denn es ist gewiss, dass der Planet ohne den Menschen, der Mensch aber bis auf weiteres nicht ohne den Planeten, dessen belebte und unbelebte Natur im Sinne ökologischer Zusammenhänge existieren kann. Daraus ergibt sich für die reflektierte Lebenskunst der dritte ökologische Imperativ: Handle so, dass du vorgefundene Zusammenhänge nie nur als Mittel für eigene Zwecke, sondern immer auch als Selbstzweck betrachtest. Nur so, nach der Art des Verhältnisses zwischen Subjekten, ist es möglich, den idiotischen und engstirnigen Egoismus zu durchbrechen, der nicht wahrnimmt, dass er die Grundlagen ruiniert, von denen er selbst lebt; an seine Stelle tritt, wenn überhaupt noch ein Egoismus, dessen kluge und weitsichtige Variante in Form des aufgeklärten Anthropozentrismus, der die Bewahrung der Grundlagen menschlicher Existenz unentwegt im Blick hat und dessen Sorge in solchem Maße über das Subjekt selbst hinausgeht, dass auf den Begriff des Egoismus hierfür auch verzichtet werden kann.

Da es »reine« Lösungen für ökologische Probleme wohl kaum geben wird und viele dieser Probleme nicht auf menschliche Eingriffe überhaupt, sondern auf deren Ausmaß zurückgehen, kommt es für die ökologische Klugheit darauf an, *das richtige Maß* zu finden, zwangsläufig bezogen auf das menschliche Subjekt und gemessen am Maßstab der zu kalkulierenden Konsequenzen: Welcher Eingriff in bestehende Zusammenhänge ist unter dem Aspekt möglicher Rückwirkungen auf die menschliche Existenz selbst vertretbar, unter welchen Bedingungen und bis zu welchem Punkt? Im Hinblick auf diese anthropozentrische Haltung selbst gilt es das richtige Maß zwischen dem Zuviel der Überschätzung und dem Zuwenig der Geringschätzung der Rolle des

Menschen in ökologischen Zusammenhängen zu treffen. Was die pathozentrische Sicht angeht, so steht das richtige Maß zwischen dem Zuviel eines universellen Mitleidens, das wohl kaum lebbar ist, und dem Zuwenig einer kalten Fühllosigkeit angesichts der Erfahrung von Leid in Frage; jede Zufügung von Leid, die unvermeidlich erscheint, gilt es in jenem Maß zu halten, das Plausibilität für sich beanspruchen kann. Auch die biozentrische Haltung ist abhängig vom richtigen Maß, denn wenn sie konsequent verfolgt würde, wäre sie mit menschlichem Leben kaum vereinbar: Sie würde selbst eine ausschließlich vegetarische Ernährung nicht erlauben, auch die Bekämpfung von Krankheitserregern würde eine zweifelhafte Abtötung von Leben bedeuten, und selbst der Mücke müsste noch ein verständnisvoller Blick nach ihrem Stich gelten. Das richtige Maß liegt im Raum zwischen der Position, »das Leben« allgemein höher als die Existenz des Menschen zu schätzen,[47] und der gegenteiligen Position, die vermeintlich »niedrigeren« Lebensformen gänzlich zu missachten. Die Taxierung des richtigen Maßes in holistischer Hinsicht ergibt sich wiederum aus der anthropozentrischen Haltung, darauf zu achten, inwieweit anthropogene Veränderungen auf die Existenz des Menschen selbst zurückwirken können.

Die Besonnenheit des richtigen Maßes bewahrt das Subjekt der Lebenskunst sowohl vor Ignoranz angesichts ökologischer Probleme als auch vor blindem Aktivismus, der sich aufgrund übereilten Handelns als ebenso problematisch erweisen kann wie das Außerachtlassen der Probleme selbst. Die Orientierung am richtigen Maß hält von einem Handeln ab, dessen Konsequenzen auf längere Sicht unkalkulierbar sind, auch wenn sie in der Gegenwart noch überschaubar sein mögen, wie dies etwa für die so genannte »Endlagerung« atomarer Abfälle der Fall ist, deren Risiken über Jahrhunderte und Jahrtausende hinweg künftige Generationen zu tragen haben werden. Mit Risiken und Gefahren, die sich ohne menschliches Zutun ergeben, ist zwar ohnehin zu rechnen; sie aus freien Stücken jedoch noch zu potenzieren, statt im Maß zu halten, ist ein höchst unkluges Verhalten. Allerdings kann das richtige Maß nicht allgemein festgelegt werden, es kommt vielmehr auf die Abwägung im Einzelfall an, welche ökologischen Belastungen um welcher Vorteile willen in Kauf zu nehmen sind; die Einschätzung der je besonderen Situation, deren Koordinaten nicht beliebig geändert werden können, gibt jeweils den Ausschlag. Mit Besonnenheit sind Prioritäten zu setzen und Präferenzen deutlich zu machen. Zweifellos handelt es sich hierbei um evaluative Urteile, denn die entsprechenden Wertsetzungen springen nicht aus den Dingen selbst hervor, und es gibt keine zwingende Notwendigkeit, die zur Anerkennung einer bestimmten Hierarchie von Werten nötigen könnte; notwendig ist nur die aufgrund menschlicher Freiheit zu treffende Wahl: »Frei sein bedeutet wählen, was wir wünschen sollen, was wir schätzen sollen und, folglich, was wir sein sollen.«[48] Für die reflektierte Lebenskunst ist es entscheidend, zur Realisierung ökologischer Klugheit beim individuellen Selbst und dessen Lebensstil anzusetzen, um von diesem Punkt aus in *konzentrischen Kreisen* weiter auszugreifen und eine »immer umfassender werdende Integration« zu versuchen,[49] in deren Verlauf die verschiedenen Möglichkeiten ökologischer Lebensgestaltung in den Blick kommen.

Der Lebensstil des ökologischen Selbst

Es handelt sich beim ökologischen Lebensstil nicht um jenes »naturgemäße Leben«, das in der Geschichte der Philosophie der Lebenskunst so häufig beschworen worden ist, sondern, modernen und andersmodernen Bedingungen entsprechend, um ein freies Leben, dem das Individuum aus Gründen der Klugheit die Form gibt, ökologischen Zusammenhängen Rechnung zu tragen und sich selbst in sie einzugliedern. Die vom Subjekt der Lebenskunst gewählten Stilelemente begründen die Praxis einer Lebensführung, die in ethischen Debatten bisweilen als nebensächlich abgetan wird, in Wahrheit aber selbst ein ethisches Fundament darstellt und ein »existenzieller Grund« ist. Die Lebensführung ins Zentrum zu rücken, bürgt dafür, den Übergang von der Theorie zur Praxis leichter zu finden, denn dieser Übergang bedarf nicht erst umständlicher Wege und Prozeduren, sondern liegt im Verfügungsbereich des jeweiligen Individuums selbst, und schließlich ist die Lebensführung flexibel genug, auf unterschiedliche Erfordernisse zu antworten, denen allgemeine Grundsätze kaum gerecht werden können. Die Wahl der Art und Weise der Lebensführung ist getragen von der Sorge des Selbst, sich um sich und die Zusammenhänge, in denen es lebt, zu kümmern. Im Laufe der Zeit vermag zur ökologischen Lebensform zu gerinnen, was zunächst nur als Lebensstil in Erscheinung tritt, dessen Stilelemente vielleicht nur oberflächlich angeeignet werden. Zehn

Aspekte können jedenfalls einen ökologischen Lebensstil charakterisieren:

1. Grundlegend für den ökologischen Lebensstil ist das *erweiterte Selbstverständnis*, das kennzeichnend für das Subjekt der Lebenskunst und seine Kohärenz ist und aus der Erfahrung des Blicks von außen entscheidende Impulse bezieht. Geleitet von diesem Selbstverständnis, übt das »ökologische Selbst« sich darin, über die unmittelbare Umgebung seiner »Umwelt« weit hinauszublicken und die eigene Existenz in übergreifenden Zusammenhängen wahrzunehmen. Mit seiner Entäußerung rettet das Selbst sich vor dem Einschluss in seine innere Welt und nimmt sich von außen mit neuen Augen wahr. Die Möglichkeit, zwischen Innen- und Außenperspektive hin- und herzugehen, befördert die Reflexion, begründet einen überpersönlichen Standpunkt und schlägt die Brücke auch zu weit entfernten Individuen, Lebewesen und ökologischen Strukturen sowie zu den Individuen künftiger Generationen und deren Lebensverhältnissen, die im Blickfeld des ökologischen Selbst bereits gegenwärtig sind.

2. Ökologisch zu leben heißt, vor diesem erweiterten Horizont ein *besonnenes Leben* zu führen, dasjenige Maß im Umgang mit Ressourcen und Techniken ausfindig zu machen, das ökologisch verträglich ist, Eingriffe in vorgefundene Zusammenhänge nur in dem Maße vorzunehmen, wie sie von diesen auch bewältigt werden können, und jede irreversible Schädigung zu vermeiden. In zahllosen Situationen liegt die Verantwortung dafür allein beim Individuum, das zudem mit der Wahl

der Art seiner Lebensführung, mit seinem impliziten und expliziten Votum an der allgemeinen Meinungsbildung über die gesellschaftliche Bestimmung des besonnenen Maßes teilnimmt, mit dem – verbindlich oder unverbindlich – ein Richtwert für die Art der Nutzung von Ressourcen und Techniken installiert wird, an dem die Umgestaltung gesellschaftlicher Strukturen und Institutionen orientiert werden kann.

3. Die *Asketik* als Selbstgestaltung mithilfe subjektiver Techniken ermöglicht dem ökologischen Selbst, Selbstmächtigkeit zu gewinnen und eine eigene Macht im Umgang mit objektiven Techniken und Technologien ins Spiel zu bringen. Die asketische Selbstmächtigkeit verhilft somit zur Macht über jene Macht, die zur »Herrschaft über die Natur« erstarrt ist und in unkalkulierten technischen Eingriffen in ökologische Zusammenhänge ihren Ausdruck gefunden hat; sie vermittelt Macht über die Macht der Technik, der das Subjekt ansonsten ohnmächtig unterworfen bliebe. Das ökologische Selbst ist nicht unbedingt geleitet von der Maxime, sich des Gebrauchs von Techniken gänzlich zu enthalten; mit seiner Selbstmächtigkeit behauptet es vielmehr einen eigensinnigen, reflektierten, zurückhaltenden und kalkulierten Einsatz von Techniken, auch den bevorzugten Einsatz dezentraler Kleintechnik gegenüber den zentralisierten Großtechniken, die lange Transportwege bedingen und Monopolbildungen begünstigen.

4. Zur Entfaltung des ökologischen Lebensstils ist die *Reflexion der eigenen Gewohnheiten* erforderlich, denn die gedankenlose Wahl und der gewohnheitsmäßige

Gebrauch und Verbrauch von Stoffen und Dingen ist in vielen Fällen ökologisch relevant. Mehr noch als übergreifende anonyme Mächte stehen überkommene Gewohnheiten einem ökologischen Lebensstil entgegen. Jede noch so unscheinbare Alltagshandlung gilt es daher auf ihre ökologischen Konsequenzen hin zu überprüfen – man rührt dabei an die Banalitäten des Lebens, die zu Unrecht als trivial abgetan werden. Das bloße Wissen um die Notwendigkeit von Veränderungen genügt nicht zur Heranbildung eines ökologischen Lebensstils, vielmehr bedarf es der regelmäßigen, nachhaltigen Einübung veränderter Gewohnheiten und Verhaltensweisen, die mit Hilfe der Asketik zur »zweiten Natur« des Selbst werden.

5. Das lebenskluge Subjekt, das ökologische Veränderungen initiiert, ist nicht mehr nur ein ökonomisch berechnendes Subjekt, sondern ein ökologisch kalkulierendes Selbst, das den Übergang vom bloßen Konsumverhalten zum bewusst gewählten Lebensstil, *vom Verbrauch zum Gebrauch* vollzieht. Von der vielsagenden Definition des modernen Subjekts als »Verbraucher« kehrt es sich ab, um stattdessen zum andersmodernen »Gebraucher« von Ressourcen und Produkten, Dingen und Techniken zu werden. Der sorgsame Gebrauch ist die vorsichtige und pflegliche Art, mit Dingen und Stoffen umzugehen, während beim Verbrauch deren Verschleiß um einer momentanen Bedürfnisbefriedigung willen in Kauf genommen wird. Dass die Ökonomie marktwirtschaftlich verfasst ist, hindert niemanden an einem ökologischen Lebensstil des Ge-

brauchs; gerade marktwirtschaftliche Elemente sorgen vielmehr für die Rückwirkung des gewählten Lebensstils auf ökonomische Verfahrensweisen, dergestalt, dass der Gebrauch und das bewusste Verhalten der Gebraucher ins ökonomische Kalkül gezogen werden muss.

6. Wenn nicht der Verbrauch, sondern der Gebrauch den individuellen und gesellschaftlichen Lebensstil prägt, rücken von selbst die Zyklen wieder ins Bewusstsein, die vom konsumtiven Denken und Handeln achtlos übergangen worden sind. In verschiedener Hinsicht ist der ökologische Lebensstil durch eine *Rezyklierung* charakterisiert, die bei weitem nicht nur das »Recycling«, die Rückführung von Dingen und Stoffen in Kreisläufe, meint, um sie von neuem zu gebrauchen, sondern auch eine neue Aufmerksamkeit auf die verschiedensten Lebenszyklen umfasst. Das Wissen von der Zyklizität der Stoffe und Elemente, das Bewusstsein, dass deren Kreisläufe mitten durch das Selbst hindurchgehen, belässt das moderne Monadensubjekt nicht als dasselbe, sondern öffnet es und macht es zu einem Moment in der Kreisbewegung: Rezyklierung des Subjekts im wirklichen Sinne. Das Wissen von den Zyklen des Lebens muss nicht erneut, wie in prämodernen Kulturen des Raums, religiös verklärt werden, um in einer andersmodernen Raumzeitkultur zur Geltung zu kommen; es wird von selbst zur Triebfeder jener Rezyklierung der Zeit, die die Zyklizität wieder in die Konzeption der Zeit einführt, aus der sie vom Zeitstrahl der modernen Zeit verdrängt worden war.

7. Die Rezyklierung ist der entscheidende Beitrag zu

einem Lebensstil der Nachhaltigkeit und *Dauerhaftigkeit* (*sustainability*), von der in der gesamten Ökologie-Diskussion so nachhaltig die Rede ist. Dauerhafter Lebensstil meint, das individuelle Tun und Lassen in einem umfassenderen zeitlichen Horizont zu sehen und unter diesem Aspekt die Frage zu stellen, ob das Leben bejaht werden kann. Dies wirkt der Einschmelzung des Zeithorizontes auf den Punkt der Gegenwart entgegen, an den die Individuen durch das Versprechen der modernen Ökonomie gewöhnt worden sind, sämtliche Bedürfnisse schon im Augenblick ihres Auftretens befriedigen zu können, sodass es sinnlos erscheint, noch einen Horizont des Künftigen aufrechtzuerhalten. Sich von diesem Vergessen des Künftigen wieder zu lösen ist das Anliegen der Suche nach einem Lebensstil, der selbst bei kleinen und kleinsten Dingen, die gewöhnlich als vernachlässigenswert erscheinen, die dauerhafte Bewahrung ökologischer Zusammenhänge und damit der Lebensgrundlagen im Blick hat.

8. Ein aufmerksamer und pfleglicher Umgang des Selbst mit dem eigenen Körper macht die *Ökologie des Körpers* zum Bestandteil des ökologischen Lebensstils. Der Körper, der gesamte Leib, ist selbst ein Ökosystem; die Ökologie der Biosphäre im Ganzen und deren Gefährdung spielen sich zugleich innerhalb des Körpers ab, denn Menschen leben nicht als separate Wesen auf dem Planeten, sondern betreiben unentwegt Stoffwechsel mit ihm, atmen ihn, trinken ihn, essen ihn und scheiden ihn aus. Zu den Stoffen, deren Kreisläufe durch den Körper hindurchgehen, zählen ebenso die Schadstoffe,

die vom Menschen selbst produziert werden. »Wenn wir auf so vertrautem Fuße mit diesen chemischen Stoffen zu leben gedenken – sie essen, trinken und sie selbst ins Mark unserer Knochen aufnehmen –, sollten wir wohl etwas von ihrer Natur und ihrer Wirkungsweise wissen.«[50] Mit der Ökologie des Körpers könnte eine Diätetik der Lebenskunst neu begründet werden – nicht etwa, um einer hypochondrischen Gesundheitslehre zu frönen, sondern um darauf aufmerksam zu sein, welche Stoffe auf welche Weise im Körper wirken und wie sie zu dosieren sind zwischen einem Zuviel, das als Gift wirken, und einem Zuwenig, das sich als lebensbedrohlicher Mangel auswirken kann, wie dies nicht nur für künstlich hergestellte, sondern auch für natürlich vorkommende Stoffe gilt; selbst der Sauerstoff, von Menschen eingeatmet, ist auf längere Sicht »negativ«, nämlich tödlich. »Doch ihn nicht einzuatmen führt noch schneller zum Tod.«[51]

9. Der ökologische Lebensstil zeichnet sich durch einen *Genuss des Lebens* aus, dessen Voraussetzung die volle Entfaltung der Sinne ist. Der Genuss bedarf lediglich einiger Inseln der Muße im selbst erzeugten Stress, er bedarf nicht so sehr der Luxusgüter, über die zu verfügen nur den Eindruck ins Selbst eingräbt, dem wahren Lebensgenuss fern zu sein, das Leben nicht wirklich zu leben, es »nicht zu spüren«. Wer die exzessive Verschwendung äußerer Ressourcen nötig hat, um Lüste zu genießen, hat keine inneren. Der ökologische Lebensstil aber, der einen Begriff vom schönen und bejahenswerten Leben zu geben vermag, mutiert zum existen-

ziellen Argument, das mehr Überzeugungskraft für Andere in sich birgt, das Leben zu ändern und ökologisch zu gestalten, als so manches Sachargument. Ein eigener, exorbitanter Genuss resultiert aus der Wahrnehmung und Reflexion des enormen Reichtums und der Vielfalt ökologischer Zusammenhänge sowohl in der Makro- als auch der Mikroperspektive; dies motiviert im Gegenzug wiederum die Sorge, sich die Quelle dieses Genusses zu erhalten.

10. Charakteristisch für den ökologischen Lebensstil ist schließlich die *Gelassenheit*, die ein möglicher Bestandteil der reflektierten Lebenskunst ist, und die zugunsten eines Lassens auf das Machen, Wollen, Gestalten zumindest sporadisch zu verzichten bereit ist. Gelassen verhält das Subjekt sich zur äußeren Ökologie der Welt wie auch zur inneren seiner selbst, indem es den vitalen Zusammenhängen Raum und Zeit lässt, ihr Ineinanderwirken selbst zu finden, und sich selbst in sie einfügt. Mit dem Blick von außen vermag es den eigenen Ort in einem umfassenderen Horizont zu sehen und sich Zeit zu lassen für das, was aus der Distanz als wesentlich erscheint. Gelassenheit lässt sich so auch angesichts der vielen »Krisen« bewahren, die aus guten Gründen nicht enden wollen, da sie konstitutiv für das Leben sind, dessen Beständigkeit die Veränderung ist; Gelassenheit erst recht gegenüber der ökologischen Krise, denn selbst wenn die Existenz des Menschen durch sie bedroht sein sollte, spricht nichts dafür, die ökologische Umgestaltung anders zu begründen als durch die freie Wahl der Individuen, die von nichts und nieman-

dem zu ihrem »Glück« zu zwingen sind. Ultimative Gelassenheit: Die Existenz der Menschheit ist kein absoluter Selbstzweck, der den Einsatz beliebiger Mittel rechtfertigen würde.

Wie die ökologische Lebenskunst individuell und gesellschaftlich, im Einzelnen und im Allgemeinen konkretisiert werden kann, ist ausgehend vom unmittelbaren Erfahrungsraum des Individuums nun zu skizzieren. Die entsprechenden Überlegungen und praktischen Umsetzungen, die gegen Ende des 20. Jahrhunderts im Gefolge der Umweltschutzbewegung erarbeitet worden sind, werden in künftigen Zeiten wohl nur noch unter kulturhistorischen Aspekten von Interesse sein – aber es würde diese Zeiten vielleicht nicht geben, wäre nicht zur rechten Zeit auf oft triviale, aber wirkungsvolle Weise Sorge für sie getragen worden. Der ökologische Lebensstil findet seine Verwirklichung zunächst in alltäglich erfahrbaren Verhältnissen des Wohnens, dessen Gestaltung den Individuen weitgehend selbst obliegt.

Der engste Kreis, in dem das Selbst sich bewegt, ist das »Haus«, οἶκος im eigentlichen Sinne, der Ort, den das Selbst bewohnt und den es sich aneignet, an dem es sich vorzugsweise aufhält, seine Gewohnheiten pflegt und vertraut ist mit allem, sodass es sich zu Hause fühlen kann. Alle Bewegungen im Raum und alle Aktivitäten in der Zeit lassen sich auf diesen Ort beziehen, vom dem das Selbst ausgeht und zu dem es zurückkehrt. Jedes wie auch immer geartete Haus ist das Zentrum einer Welt, und zugleich ist es von Grund auf eingebettet in die übergreifenden ökologischen Strukturen, wie dies an den Strömen von Energie, Stoffen und Produkten kenntlich ist, die das Haus durchqueren und auf die das Selbst Einfluss nehmen kann, um sie auf ökologisch kluge Weise zu steuern; die individuelle Sensibilität, das praktische Erfahrungswissen, das verfügbare wissenschaftliche Wissen und das technische Können lassen sich hierfür heranziehen.

Was die Grundstruktur des Hauses angeht, so stellt die *Energieversorgung* das zentrale ökologische Problem dar, da der Energieverbrauch der Haushalte in erheblichem Maße zu Schadstoffemissionen beiträgt und doch für Heizung, Beleuchtung, den Betrieb von Haushaltsgeräten, für Speisenzubereitung und Brauchwassererwärmung unverzichtbar ist. Allein abhängig von einer individuell zu treffenden Wahl ist jedoch die Umstellung vom Verbrauch zum Gebrauch der Energie, um so die benötigte *Energiemenge* erheblich zu reduzieren, etwa durch den Verzicht auf überflüssige Beleuchtung, den Einsatz energiesparender Leuchtkörper und Elektrogeräte. Indem die Außenwände mit Dämmstoffen wie Lehm, Schafwolle, Flachs etc. abgedichtet und wärmedämmende Fenster eingesetzt werden, kann der Heizenergieverbrauch minimiert werden. Was die Energiekosten senkt, steigert zugleich den ökologischen Nutzen. Von ebensolcher Bedeutung ist die Wahl der *Energieart* auf der Basis der Woher-Wohin-Frage: Woher kommt die Energie, die gebraucht wird, welche Konsequenzen hinterlässt sie nach ihrem Verbrauch? Strom, der aus der Kernspaltung stammt, zieht unkalkulierbare Risiken über sehr lange Zeiträume nach sich; wird er durch Verbrennung fossiler Energieträger in Kraftwerken erzeugt, so werden eine Reihe von Schadstoffen mitproduziert, am meisten bei der Verbrennung von Kohle, am wenigsten bei der Energiegewinnung aus Erdgas. Effizient ist die Energiegewinnung aus Erdgas im Haus selbst, kohlendioxydneutral ist die Holzverbrennung – das Kohlendioxyd, das bei der Verbrennung freigesetzt wird, wird durch nachwachsende Bäume der Atmosphäre wieder entzogen. Attraktive Alternativen aber sind die schadstofffreien, erneuerbaren Energien: Wasserkraft, Windenergie, Erdwärme sowie Solarenergie in ihren verschiedenen Varianten.

Solarenergie meint zunächst die *passive* Solarenergienutzung, die darin besteht, ein Haus, wenn es neu gebaut wird, »in die Sonne zu stellen«, sodass es zum »Passivhaus« wird, das mit einem Minimum an Heizenergie auskommen kann; spezifische Baumaterialien speichern die Sonnenwärme, die durch große Fensterflächen auf der Sonnenseite ins Haus einstrahlt, während kleine Fensterflächen auf der sonnenabgewandten Seite ein Auskühlen verhindern. Vor allem aber wird unter Solarenergie die *aktive* Solarenergienutzung verstanden, und zwar in zweifacher Hinsicht: In der Form von *Solarthermik* sorgt sie für die Wärmegewinnung mithilfe von Sonnenkollektoren, abhängig von direkter Sonneneinstrahlung und brauchbar zur Warmwasserbereitung wie auch zur Raumheizung. In der Form von *Photovoltaik* dient sie zur Stromerzeugung mithilfe von Solarzellen, relativ unabhängig von direkter Sonneneinstrahlung; das alltäglich verfügbare Sonnenlicht wird dabei in elektrische Energie umgewandelt, die unmittelbar genutzt oder in Batterien gespeichert werden kann. Die der Sonne zugewandten Dachflächen und Hausfassaden können mit Solarmodulen bestückt werden, möglich ist zudem die hauchdünne photovoltaische Beschichtung von Fensterglas. In wachsendem Maße kamen die technischen Möglichkeiten der Solarenergie an der Schwelle zum 21. Jahrhundert in den Blick, und es lässt sich davon träumen, welche Fortschritte bereits Jahrzehnte früher hätten gemacht werden können, wären Unsummen von Forschungs-, Entwicklungs- und Subventionsgeldern nicht in den Ausbau der Atom-, sondern der Solarenergie investiert worden. Dem Erfindungsreichtum und der Hartnäckigkeit Einzelner ist es zu verdanken, dass vom Beginn des 21. Jahrhunderts an dennoch das »Niedrigenergiehaus« mit optimaler Wärmedämmung sowie passiver und aktiver Solarenergienutzung zum Standardbauwerk in ökologisch avancierten Gesellschaften wurde. Im »Nullenergiehaus« wird darüber hinaus der im Sommer »geerntete«, überschüssige Solarstrom zur Elektrolyse von Wasser eingesetzt, um mit dem dabei gewonnenen Wasserstoffgas auch im Winter über ausreichende Energievorräte zu verfügen. Realisiert wird sogar das »Plusenergiehaus«, bei dem die selbst erzeugte überschüssige Energie ins öffentliche Netz eingespeist wird.

Zur Grundstruktur des Hauses gehört neben der Energie- die *Wasserversorgung*, die im Norden des Planeten gewöhnlich als das geringere Problem angesehen wird, da Wasser im Überfluss verfügbar zu sein scheint. Kritische Funktion hat hier erneut die Woher-Wohin-Frage: Woher kommt das Wasser, das im Haus zu verschiedenen Zwecken genutzt wird, welche Probleme hinterlässt möglicherweise bereits seine Entnahme am Herkunftsort, mit welchen Schadstoffen belastet gelangt es ins Haus und welche werden ihm bei der Nutzung im Haus selbst mitgegeben; wohin fließt das verbrauchte Wasser und welche Folgen zeitigt es dort? Hilfreich ist die Vorstellung, dass das Wasser, das auf der einen Seite das Haus verlässt, ihm auf der anderen Seite wieder zufließt; in der Tat kehren die Belastungen, die ihm mitgegeben werden, dank des Wasserkreislaufs immer in irgendeiner Weise ins Haus zurück. Dabei ist das Wasserproblem ein doppeltes: Problem der *Wassermenge*, die verbraucht wird und die in dicht besiedelten Gebieten den Wasserkreislauf zu überfordern droht. In wirtschaftlich entwickelten Ländern ist nicht nur der industrielle Wasserverbrauch, sondern auch der Verbrauch der privaten Haushalte exorbitant hoch. Ein bewusster Gebrauch anstelle des gedankenlosen Verbrauchs lässt sich im Haus durch die bloße Aufmerksamkeit auf einige gewohnheitsmäßig vollzogene Handlungen erreichen; eine strukturelle Maßnahme ist die Trennung von Trink- und Brauchwasser sowie der Bezug von Brauchwasser aus einem Regenwasserspeicher. Das andere Problem ist das der *Wasserqualität*, zu deren Verbesserung im Haus der Einzelne allein schon dadurch beiträgt, dass er auf chemische Reinigungsmittel, die ins Wasser gelangen können, verzichtet und jede Verunreinigung mit chemiehaltigen Resten und Haushaltsabfällen vermeidet. In jedem Fall entscheidet eine simple Wahl des Individuums über den Umgang mit Produkten, Stoffen und Materialien, mit all den ökologischen Folgen, die sich daraus ergeben.

Das gilt auch für die *Einrichtung und Ausstattung* des Hauses. Die Woher-Wohin-Frage zielt hier darauf, zu klären, woher die Dinge und Materialien stammen, mit denen im Haus gearbeitet wird, und auf welche Weise sie hergestellt worden sind, um die Produktionsbedingungen mit ins ökologische Kalkül zu ziehen und nicht durch einen unüberlegten Kauf eine fragwürdige Produktionsweise im Nachhinein zu legitimieren; ferner, welche Auswirkungen der Gebrauch der Dinge und Materialien auf die Ökologie des Körpers derer hat, die im Haus wohnen, und schließlich, wie und wo die ausgebrauchten Dinge und Materialien zu »entsorgen« sind und welche Konsequenzen diese Entsorgung wiederum zeitigen kann. Kriterien für die Beurteilung etwa von Möbeln und Geräten, mit denen das Haus eingerichtet und ausgestattet wird, sind der Ressourcen- und Energieverbrauch bei ihrer Herstellung, die Langlebigkeit und Energieeffizienz bei ihrem Gebrauch sowie die Rezyklierbarkeit bei ihrer so genannten Entsorgung. Solange konkurrierende Produkte auf dem Markt angeboten werden, üben Individuen, die sich gezielt für bestimmte Produkte entscheiden, eine ökologische Marktmacht von unten aus; der berühmt gewordene FCKW-freie Kühlschrank konnte auf diese Weise gegen eine dominierende Marktmacht durchgesetzt werden, deren Repräsentanten die Herstellung eines solchen Geräts jahrelang für unmöglich erklärt hatten.

Die *Haushaltsführung* wiederum dreht sich um die Frage, welche ökologischen Zusammenhänge bei der Besorgung der Dinge des alltäglichen Lebens zu beachten sind, um eine entsprechende Wahl treffen zu können, etwa was Lebensmittel und Fragen der *Ernährung* angeht, durch die die innere Ökologie des Körpers eng mit der äußeren Ökologie der Welt verkoppelt ist. Das Problem besteht jedoch nicht nur darin, dass Belastungen der Luft, des Wassers und des Bodens sich unweigerlich in Nahrungsmitteln niederschlagen und in den Körper aufgenommen werden, sondern dass die industrielle Bearbeitung der Lebensmittel häufig einen Mangel an Nährstoffen, Vitaminen und Mineralstoffen verursacht. Stoffe, die schon in geringer Konzentration außerordentlich giftig sind, wie etwa Blei, Quecksilber,

Cadmium und radioaktive Elemente, finden zunehmend Eingang in den Körper, der Mangel an Nährstoffen wiederum wird durch präparierte Nahrungsmittel und spezielle Präparate auszugleichen versucht, die letztlich eine ebenso problematische Überdosierung bewirken können. Um den Körper mit den nötigen Nährstoffen zu versorgen, ist es ratsam, auf frische Lebensmittel zu achten, die noch nicht weiterverarbeitet worden sind, sowie die Ernährung vielseitig zu gestalten; frische Produkte aus der Region schonen neben der inneren auch die äußere Ökologie, da der energie- und schadstoffaufwändige Transport von Lebensmitteln über große Entfernungen nicht weiter forciert wird. Innere und äußere Ökologie konvergieren bei der Frage des Fleischkonsums, dessen Einschränkung dem Körper ein Zuviel an problematischen Stoffen wie Cholesterin erspart und außerdem der pathozentrischen Sicht Rechnung trägt, Tiere nicht um der Fleischproduktion willen leiden zu lassen. Auch hier ist es jedoch Sache des Individuums, seine eigene Wahl zu treffen.

Das andere Problem der ökologischen Haushaltsführung ist die Frage der *Kleidung*, die selbst in umweltbewussten Gesellschaften allzu lange nicht unter ökologischen Aspekten gesehen worden ist, obwohl es sich um einen Bereich handelt, bei dem die Konsequenzen der Produktionsbedingungen für die äußeren ökologischen Verhältnisse ebenso von Interesse sind wie die Auswirkungen des Produkts auf die Ökologie des Körpers. Synthetische Chemiefasern herkömmlicher Machart, die auf den Ausgangsstoffen Kohle, Erdöl, Erdgas beruhen, blockieren, neben all den ökologischen Nebenwirkungen ihrer Herstellung, auch die Atmung der Haut. Die angenehmere Viskose wird zwar aus Zellulosefasern hergestellt, jedoch unter großem Energie- und Chemieeinsatz, wobei schwer abbaubare Substanzen in die Gewässer gelangen. Vorziehenswert erscheinende Naturfasern wie etwa Baumwolle bleiben problematisch, solange Baumwollplantagen mit Düngemitteln und Pestiziden, darunter dem in Industrieländern längst verbotenen, in Ländern wie Indien und Ägypten jedoch erlaubten DDT geradezu überschüttet werden; die Baumwolle sollte zudem mechanisch, ohne chemische Zusätze, gereinigt sein. Nach solchen Bedingungen der Herstellung und Verarbeitung kann vor einem Kauf von Kleidung gefragt werden, äußerliche Auszeichnungen wie »Reine Baumwolle« sagen darüber nichts aus. Als Alternative rücken andere Naturfasern wie Hanf und Leinen, die bewährte »Reine Schurwolle« (vom lebenden Schaf) und »Reine Wolle« (aus aufbereiteter Reißwolle) in den Vordergrund. Im gesamten Textilbereich stehen der ökologischen Findigkeit im Übrigen noch alle Türen offen.

Zum vordringlichen Problem der ökologischen Haushaltsführung hat sich in den Gesellschaften des materiellen Wohlstands aber die Abfallfrage entwickelt. Sich im Haushalt selbst um *Abfallvermeidung* zu bemühen hat Rückwirkungen auf die Produktion von Dingen und Materialien, die, statt weiter zum Anwachsen des Abfallbergs beitragen zu können, keinen Absatz mehr finden. Die Produktion von Aluminium beispielsweise, das unter Einsatz großer Energiemengen und Freisetzung großer Mengen an Treibhausgasen aus Bauxit gewonnen wird, könnte auf diese Weise reduziert werden. Zur *Abfallverwertung* dient das viel belächelte System der »Mülltrennung«; die Anstrengung, Metalle, Kunststoffe, Papier, Glas, Biogut in die Stoffkreisläufe zurückzuführen, verstärkt jedoch, neben allen unmittelbar praktischen Auswirkungen, nicht zuletzt das Bewusstsein für ökologische Zusammenhänge und ersetzt die Geste des Wegwerfens durch die Gewohnheit des Rezyklierens. – Während diese Konkretionen des ökologischen Lebensstils noch dem engeren Kreis zugehören, in dessen Rahmen das Individuum selbst unmittelbaren Einfluss ausüben kann, ist bei den konzentrisch weiter ausgreifenden Kreisen die Bedeutung des individuellen Verhaltens zunächst weniger offenkundig.

Die Stadt und die Region, in der wir leben

Die Lebenskunst in der Stadt beschränkt sich nicht auf das Wohnen im gewöhnlichen Sinne, sondern eröffnet dem Subjekt die Möglichkeit, ein urbanes Leben zu führen, am vielfältigen städtischen Leben teilzuhaben und selbst zu dessen Vielfalt beizutragen. Die Grundstrukturen der Stadt fördern oder hemmen allerdings die mögliche Erfahrung von Urbanität. Das dichte Nebeneinander (»Berliner Mischung«) von Wohnungen, Läden, Gaststätten, Handwerksbetrieben, Dienstleistungseinrichtungen, Büros, Kulturstätten lässt am ehesten jene Formen von Geselligkeit entstehen, die der Erfahrung der Stadt als Gesellschaft zugrunde liegen. Wo jeweils nur eine bestimmte Nutzung einen ganzen Stadtteil prägt, entfaltet sich kein städtisches Leben.

Aus der Besonderheit der städtischen Lebensform resultiert andererseits ihre besondere ökologische Problematik: Die starke *Verdichtung* des Lebens auf engstem Raum, die enorme Ansammlung von Gebäuden und Menschen wirft das Problem der Versorgung mit Energie, Wasser, Lebensmitteln, Produkten aller Art und ihrer »Entsorgung« auf; die schon geläufige Woher-Wohin-Frage stellt sich nun im größeren Maßstab. Mit der umfangreichen *Fluktuation* des Lebens in der Stadt gehen die drängenden Fragen des Verkehrs einher: Welche Wege sollen ihm gebahnt, welche Schneisen geschlagen werden? Welche Verkehrsmittel sollen zur Verfügung stehen, angetrieben von welcher Energie, mit welchen Konsequenzen für die Luft, die alle atmen müssen?

Angesichts der Größe der Probleme scheint die Rolle des einzelnen Individuums unbedeutend zu sein. Und doch ist es das Individuum, das sich für die Bedingungen und Möglichkeiten des Lebens in der Stadt interessieren kann und bereits mit diesem Interesse an der Gestaltung des städtischen Lebens partizipiert. Mit seiner bloßen Anwesenheit, mit seinem ganzen Verhalten trägt es im Übrigen zu diesem Leben bei. Mit seiner politischen Wahl und vielleicht seinem Engagement in Interessengruppen nimmt es selbst Einfluss auf die Stadtpolitik und somit auch auf die *ökologische Stadtgestaltung*, die die »Nachhaltigkeit« zum Ziel hat, wie sie von der Konferenz der Städte der Welt in Istanbul 1996 (Habitat II) als wünschenswert bezeichnet worden ist. Der Stadt kommt gerade aufgrund der ihr eigentümlichen Verdichtung und Fluktuation des Lebens eine Schlüsselrolle bei der gesamten ökologischen Umstrukturierung zu: Hier erweist sie sich als möglich oder unmöglich, und hier ist ihre Notwendigkeit am spürbarsten, etwa was die Luftverschmutzung angeht, die in Megastädten wie Kairo, Kalkutta, Hongkong, Jakarta, Kuala Lumpur, Mexiko City, Rio de Janeiro, Buenos Aires zu Beginn des 21. Jahrhunderts kaum noch steigerungsfähig zu sein scheint.

Grundlegend für den »ökologischen Stadtumbau« ist die *Strukturierung des Raums*, bei der es in der Stadt nie nur um privaten, sondern immer auch um öffentlichen Raum geht, der aus der Stadt mehr macht als die Summe der privaten Welten. In den räumlichen Strukturen zuallererst erfährt die Stadt sich selbst; mit ihrer Gliederung werden die Bedingungen und Möglichkeiten des städtischen Lebens festgelegt. Ökologische und ökonomische Interessen müssen dabei austariert, politische Prioritäten gesetzt werden, wie dies in Flächennutzungs- und Bebauungsplänen geschieht, deren Zustandekommen zudem eine »Bürgerbeteiligung« vorsieht, bei der jeder Einzelne seine Interessen und Ideen, seine Kenntnis der Probleme vor Ort und seine Erfahrungen im Umgang mit ihnen artikulieren kann. Mit der Strukturierung des Stadtraums wird die Straßenführung, die Lage der bebaubaren Flächen, die Anlage von Plätzen und Parks, die Nutzung und Ausgestaltung der Räume im Einzelnen, das Mischungsverhältnis von Bau- und Grünflächen insgesamt festgeschrieben. Unter ökologischen Gesichtspunkten erscheint es sinnvoll, nicht reine Wohn-, Arbeits- oder Einkaufsviertel entstehen zu lassen sowie die Bebauung auf den dafür ausgewiesenen Flächen zu verdichten, da hiervon der Verkehrsbedarf abhängig ist: Nahe beieinander liegende Nutzungen reduzieren den motorisierten Individualverkehr, die größere Verdichtung lastet das öffentliche Verkehrssystem von Bussen und Bahnen besser aus.

Das augenfälligste strukturelle Problem, mit dem jede Stadt zu kämpfen hat, ist in der Tat das *Verkehrsproblem*. Die Verkehrspolitik der Stadt kann die Möglichkeiten der Individuen, sich in der Stadt zu bewegen, vorstrukturieren und die Nutzung bestimmter Wege und Verkehrsmittel erleichtern oder erschweren, zuvörderst aber wählt jedes einzelne Individuum zu jeder Zeit selbst, auf welche Weise es eine Entfernung zurücklegt. Die reflektierte individuelle Wahl lässt sich vielleicht inspirieren vom Wissen um das hundertfach höhere Unfallrisiko in privaten Kraftfahrzeugen oder von der Einsicht in die Fragwürdigkeit des Verhaltens, selbst zu Problemen wie der Verstopfung der Straßen und zur Luftverschmutzung beizutragen, die unentwegt selbst beklagt werden. Die Straße kommt wieder als öffentlicher Raum in den Blick, der nicht allein von Automobilisten zu okkupieren ist, sondern allen gehört; die Bedeutung der Straße nicht nur als Transitraum, sondern als Ort gesellschaftlichen Lebens wird wiederentdeckt. In der Organisation des Raumes, der den verschiedenen Nutzungen der Straße zugewiesen wird, liegt das Gestaltungspotential der Stadtpolitik: Busspuren und Fahrradwege können eingerichtet, der Raum für Fußgänger erweitert werden; Raum für Straßenverkäufe und Straßencafés, Baumreihen am Straßenrand schaffen ein Umfeld, in dem der Aufenthalt zum Genuss wird und die Kunst des Flanierens anstelle des schnellen Durchquerens sich entfalten kann. Beengte Innenstädte können für den Autoverkehr gesperrt werden, eine Parkraumbewirtschaftung kann dafür sorgen, dass Fahrten mit dem Auto besser kalkuliert werden; die häufig auf Bürgerinitiativen zurückgehenden Verkehrsberuhigungen (Aufstellen von Hindernissen, Bepflanzungen) ermöglichen es, nicht mehr ständig um das Leben der Kinder fürchten zu müssen.

Das andere große, mit dem Verkehrsproblem teilweise zusammenhängende, strukturelle Problem der Stadt ist das der *Energieversorgung*. Möglicherweise werden ökologische Technologien dieses Problem dereinst vergessen machen; solange die Energie für die Stadt und ihren Verkehr jedoch noch aus der Verbrennung fossiler Energieträger bezogen wird, hat dies unmittelbar spürbare Konsequenzen für die Stadtbewohner selbst, und mit dem entsprechenden Quantum an Kohlendioxydausstoß trägt die Stadt ihren Teil zur drohenden Klimaveränderung bei. Im Hinblick hierauf die ökologische Umgestaltung der Stadt zu beschleunigen, sieht ein »Klima-Bündnis« vor, zu dem sich europäische Städte zusammengeschlossen haben. Unumgänglich ist dabei die *solare Urbanisation*, die auf die Ausweitung der passiven und aktiven Nutzung von Solarenergie abzielt, sodass eine »Sonnenstadt« anstelle der »fossilen Stadt« entstehen kann.[52] Durch Senkung des Energieverbrauchs, Wärmedämmung und passive Solarenergienutzung kann der Energiebedarf der Stadt minimiert werden, um schließlich durch den Einsatz von Solarthermik und Photovoltaik in wachsendem Maße gedeckt zu werden. Neben der dezentralen Selbstversorgung vieler Häuser können Stromversorgungsunternehmen nutzbare Flächen pachten und Solaranlagen installieren, um Elektrizität fürs öffentliche Netz zu erzeugen. Im Zusammenwirken mit Klimaexperten, Heizungsingenieuren, Stadtplanern und Landschaftsarchitekten können Architekten Bauten entwerfen, bei denen die zu erwartenden Emissionen, die Windverhältnisse für das Be- und Entlüften, der Einfluss von Wasser- und

Grünflächen auf das Kleinklima, die Flächenversiege-
lungen, der Baumbestand, die Ausrichtung und technische Ausstattung der Häuser für die Solarenergienutzung, der Gebrauch ökologischer Baumaterialien in
gleicher Weise berücksichtigt werden; höhere Investiti-
onskosten amortisieren sich über die dauerhafte Einspa-
rung von Betriebskosten. Es wird kein »sinnloses Sonnenlicht« mehr geben, von dem die Bilder Edward Hoppers noch zeugen, die ein Dokument jener Moderne
sind, in der sich die Funktion der Sonne in gelegent-
licher Bräunung der Wohlstandskörper erschöpfte.

Die Stadt als Ganzes hat überdies allen Grund, der *Region* mehr Aufmerksamkeit zu widmen, denn ökologisch lebt sie von ihr: Frische Luft, Wasser, Nahrungsmittel bezieht sie von dort, auch der Raum für Erholung
ist dort zu finden, während zugleich Schadstoffe und
Abfälle dorthin transportiert werden. Hat das Leben in
der Stadt mit der Enge des Raums zu rechnen und weicht
daher in die Zeit aus, die ihrerseits in immer kürzere
Zeitspannen aufgeteilt wird, sodass sie schließlich ebenso knapp wird wie der Raum, so ist die Region strukturell definiert durch die verschwenderische *Weite des
Raums*, die mit einer endlos gedehnten, zyklisch in sich
selbst kreisenden Zeit korrespondiert. Die Weite des
Raums kann, wie umgekehrt dessen Verdichtung, ökologisch nachteilige Konsequenzen mit sich bringen, da
sie die individuelle Motorisierung nahezu unvermeidlich macht, wenn die Bevölkerungsdichte für ein gut
ausgebautes öffentliches Verkehrssystem nicht ausreicht.

Edward Hopper, Menschen in der Sonne
(People in the Sun), 1960.
Öl auf Leinwand, 101,6 x 152,4 cm. National Museum
of American Art, Washington, D.C.

Nicht die in der Region lebenden Menschen selbst sind jedoch verantwortlich für den größeren Teil der ökologischen Probleme: Niederschläge waschen die Schadstoffe aus der heranwehenden Luft, der »saure Regen« schwemmt die im Boden für das Wachstum der Pflanzen wichtigen Substanzen wie Kalium, Calcium, Magnesium weg und lagert stattdessen Giftstoffe an, die sich schließlich in der Nahrungskette wiederfinden.

Soll die Verbrennung fossiler Energieträger zurückgedrängt werden, kommt der Region entscheidende Bedeutung für die *alternative Energiegewinnung* zu, die nicht nur der Selbstversorgung dient, sondern zu einem Faktor der regionalen Wirtschaftskraft werden kann. Neben der mithilfe von Solaranlagen zu erntenden Energie und der seit langem praktizierten Energiegewinnung aus Wasserkraft prägen Anlagen zur Nutzung der Windenergie das Erscheinungsbild der Region neu. Windräder werden neben den Solarmodulen zum Sinnbild der anderen Moderne, so wie die Prämoderne einst ihr Sinnbild in den technisch weniger anspruchsvollen, unverwüstlichen und bis weit in die Moderne hinein nostalgisch gepflegten Windmühlen fand. Angesichts des Potenzials, das sie in sich birgt, ist es erstaunlich, wie vollständig diese einfache Form der Energiegewinnung im Laufe des 20. Jahrhunderts vergessen worden ist; ihr Potenzial ist groß genug, um zum Energiemix des 21. Jahrhunderts einen Teil beizusteuern. Die Installation von Solar- und Windenergieanlagen hat zudem den Vorteil, dass eine Entscheidung hierüber nicht erst von Regierungen oder den Managements der Stromkonzerne getroffen werden muss: Einzelne Individuen, kleine Interessengemeinschaften oder Gemeinden können selbst die Initiative ergreifen.

Bei der Umgestaltung der Landwirtschaft zur *ökologischen Agrarkultur* kann die Produktion von Biomasse zum Zweck der Energiegewinnung eine tragende Rolle spielen. Dabei wird der Anbau von »Energiepflanzen« wie Chinagras, Raps, Zuckerhirse forciert, aus denen Öl und Gas gewonnen werden kann. Wärme und Strom lassen sich mit der Verbrennung von Holz, Stroh und Schilf in Blockheizkraftwerken und ebenso mit der Verwertung von Gülle, organischen Reststoffen und Abfällen in Biogasanlagen erzeugen. Das ökologisch besonders beunruhigende Methangas, das bei Faulprozessen in die Atmosphäre entweicht, wird durch seine Verbrennung unschädlich gemacht und dabei zugleich als Energielieferant genutzt. Die Anpflanzung von Biomasse dient indes nicht nur zur Energiegewinnung, sondern, etwa im Falle von Hanf, auch zur Herstellung natürlicher Textilfasern und zahlloser anderer Produkte. Oberste Priorität hat in jedem Fall, einen schonenden Umgang mit den Böden wiederzugewinnen, die durch Monokulturen ausgelaugt, durch Überdüngung und Pestizideinsatz belastet sind. Dass ökologischer Landbau zu Beginn des 21. Jahrhunderts gleichwohl nur von einem verschwindend geringen Teil von Landwirten betrieben wird, macht die Hoffnungen auf eine Neuorientierung keineswegs zunichte. Die Neuorientierung ist abhängig von der Nachfrage nach Produkten aus kontrolliert ökologischem Anbau, diese wiederum von der gezielt getroffenen Wahl der »Gebraucher«, allerdings auch von ihrer Bereitschaft, höhere Preise für die Produkte zu akzeptieren, deren Erzeugung den vermehrten Einsatz von Arbeitskräften erforderlich macht und die Ertragskraft der Böden nicht beliebig ausreizt, sodass die Erträge geringer ausfallen.

Prägend für die Region ist außer der Landwirtschaft der Wald, der seine Kultivierung als »Naturwald« der *ökologischen Forstwirtschaft* verdankt, da sich der reine »Nutzwald«, der die inneren Zusammenhänge des Ökosystems Wald außer acht lässt, als höchst anfällig für Schäden erwiesen hat, die auch seinen ökonomischen Nutzen empfindlich beeinträchtigen. Für den Wald verantwortlich sind jedoch nicht nur die jeweiligen Gemeinden und der Staat, sondern ebenso einzelne Eigentümer und im Übrigen jedes Individuum, das Erholung in ihm sucht oder ihn nur von ferne wahrnimmt und selbst möglicherweise, ohne sich Rechenschaft über die eigene, unbedeutend erscheinende Rolle abzulegen, zu jenen übergreifenden ökologischen Problemen beiträgt, die im Waldsterben zum Vorschein kommen, verursacht von bodennahem Ozon, saurem Regen, Einwirkung von Schwefeldioxyd, Belastung der Böden. Anstatt die Ökologie des Waldes zu schädigen und seine Gesamtfläche ständig weiter zu dezimieren, käme es darauf an, neue Flächen zur Aufforstung vorzusehen, um der Tatsache Rechnung zu tragen, dass die Wälder in beträchtlichem Maße Kohlendioxyd, das im Übermaß freigesetzt wird, wieder binden können. Jeder einzelne Baum ist hierfür wertvoll, und Künstler wie Ben Wargin in Berlin haben sich nicht zuletzt aus diesem Grund völlig einer »Kunst der Bäume« verschrieben, deren sichtbarer Ausdruck Baumpflanzaktionen sind. Über individuelle Handlungen hinaus ist freilich die ökologische Neuorientierung der gesamten Gesellschaft vonnöten, aus der allein eine Veränderung der Verhältnisse im großen Stil resultieren kann.

Die Gesellschaft, deren Bürger wir sind

Wenn Haltung, Verhalten und Wahl des Individuums im Hinblick auf das Haus, die Stadt und die Region verstärkt in den Mittelpunkt der Aufmerksamkeit gerückt werden, dann nicht, um von individuellen Aktionen alles zu erwarten, sondern um der verbreiteten Meinung entgegenzutreten, ein Einzelner könne »gar nichts tun«. Auf der Ebene der *individuellen Lebensführung* wird die Frage einer ökologischen Umgestaltung vielmehr zuallererst beantwortet, nämlich durch die Ausarbeitung der vielen banalen Handgriffe und längerfristig angelegten Strategien, durch die das alltäglich gelebte Leben ökologisch zu gestalten ist. Darüber hinaus geht es auf der Ebene *allgemeiner Regelungen* jedoch um Formen und Normen für die gesamte Gesellschaft, die ihrerseits wiederum, direkt oder indirekt, nicht ohne die Wahl der Individuen und die Mechanismen der gesellschaftlichen Selbstgesetzgebung zustande kommen. Die Formen des Lebens, durch gesellschaftliche Konventionen vermittelt, gewinnen nur dann Realität, wenn sie von Individuen aufgenommen und umgesetzt werden; ebenso sind die gesetzlichen Normen und Regelungen, die gesamtgesellschaftlich verbindlich sein sollen, auf die Legitimation durch den demokratischen Prozess ihres Zustandekommens und die Akzeptanz der Individuen angewiesen.

Das leitende Konzept für gesellschaftliche Formen und Normen könnte das einer sozialen und *ökologischen*

Gesellschaft sein, wie dies 1994 erstmals in den Niederlanden (»Nachhaltige Niederlande«) ausgearbeitet und 1996 in Schweden (»Umweltgerechte Volkswirtschaft«) auf den Weg gebracht wurde, während in anderen Ländern der Weg mühevoller ist, wenngleich es an Ideen nicht fehlt.[53] Die Grundlage eines solchermaßen neu definierten gesellschaftlichen Selbstverständnisses könnte eine ökologisch verstandene Citoyenität sein, die sich durch einen räumlich und zeitlich erweiterten Bürgersinn auszeichnet. Das Bewusstsein des ökologischen Citoyen macht an den räumlichen Grenzen der eigenen Gesellschaft nicht halt, da auch die ökologischen Zusammenhänge weit darüber hinausreichen und die Lösung ökologischer Probleme letztlich nur über diese Grenzen hinweg erfolgen kann. Des Weiteren gesteht die ökologische Gesellschaft Bürgerrecht nicht nur denjenigen zu, die gegenwärtig ihre Bürger sind, sondern auch den künftigen Generationen, die noch nicht geboren sind, so wie ihr andererseits die vergangenen Generationen zugehören, deren Arbeit sich die gegenwärtige Gesellschaft in jeder Hinsicht verdankt. Das Ziel der ökologischen Gesellschaft ist es, für Lebensverhältnisse zu sorgen, die nachhaltig genug angelegt sind, um nicht die vitalen Grundlagen der Gesellschaft selbst zu unterminieren.

Zweifellos spielen *Machtfragen* mehr noch als Sachfragen eine zentrale Rolle bei der Realisierung eines solchen Konzepts; diejenigen, die sich um eine ökologische Gesellschaft bemühen, repräsentieren nur eine Interessengruppe unter anderen, auch wenn sie die Auseinandersetzung mit dem Argument bestreiten können, dass ein ökologisch kluges Verhalten allgemeinen Nutzen in Form einer Bewahrung der Lebensgrundlagen aller mit sich bringt, während die kurzfristigen Vorteile eines ökologisch ignoranten Verhaltens auf lange Sicht von allen existenziell bezahlt werden müssen. Ein individueller Einsatz in diesem Machtspiel ist die Beteiligung an der politischen Richtungswahl sowie das eigene Engagement in ökologischen Interessenvertretungen und für bestimmte Parteien. Um auf der Ebene der Legislative und Exekutive die Realisierung einer ökologischen Politik zu befördern, bedarf es nicht etwa erst einer gesellschaftlichen und parlamentarischen Mehrheit, sondern lediglich einer Minderheit, ohne die nicht regiert werden kann.

Ein erheblicher Teil der Machtfragen hat mit den Auseinandersetzungen zwischen ökologischen und *ökonomischen Interessen* zu tun. Aber auch hier verkörpern Individuen aufgrund ihrer Selbstmächtigkeit und ihrer Politik der Lebenskunst einen Machtfaktor. Da sie selbst darüber befinden, welchen Lebensstil sie bevorzugen und welche Produkte sie hierfür gebrauchen, stellen sie nicht nur eine ökologische, sondern auch eine ökonomische Macht dar. Der Transmissionsriemen zur ökologischen Umgestaltung der Gesellschaft ist das ökonomische Verhalten der Individuen, deren Wahl die Entwicklung der Nachfrage nach bestimmten Produkten beeinflusst, worauf wiederum die Anbieter in einem funktionierenden Markt sensibel reagieren, denn es geht um Marktanteile und Gewinnaussichten. Zwar versuchen die Anbieter ihrerseits Einfluss auf die Entwicklung der Nachfrage auszuüben, aber ob diesem Ansinnen stattgegeben wird, liegt wiederum in der Macht der Individuen. Der Hebel der Machtverhältnisse kann in der marktwirtschaftlich verfassten Ökonomie um der Ökologie willen von unten her angesetzt werden, solange es keine Alleinherrschaft der Monopole gibt, die nur durch eine umfassende Gegenbewegung zu brechen wäre.

Die entscheidende Rolle im Spiel der Macht kommt der *kritischen Öffentlichkeit* zu, deren Forum die traditionellen und neuen Medien sind. Ihre Macht reicht über die bloße individuelle Macht weit hinaus, denn in diesem öffentlichen Raum werden die Informationen vermittelt, die Meinungen zum Ausdruck gebracht, die Diskussionen geführt und die Argumente genannt, mit deren Hilfe sich sehr viele Individuen ihr eigenes Urteil bilden und eine Wahl treffen. Je plausibler die Argumente, desto durchschlagender ihre Wirkung auf die bestehende Machtkonstellation. Bei der Aufdeckung und Lösung ökologischer Probleme hat sich die Rolle der kritischen Öffentlichkeit als so grundlegend erwiesen, dass an eine ökologische Umgestaltung ohne sie wohl kaum zu denken wäre. Hinter der spektakulären Fassade ihres äußeren Erscheinungsbildes aber werden die Medien der kritischen Öffentlichkeit getragen von Individuen, die engagiert ihrer Arbeit nachgehen und sich dabei dem Ethos des Journalismus verpflichtet fühlen; ermöglicht wird ihre Arbeit wiederum von denjenigen Individuen, die das interessierte Publikum bilden, ohne das es keine kritische Öffentlichkeit gäbe.

In der Öffentlichkeit wird darüber diskutiert, ob und auf welche Weise die ökologische Umgestaltung der Gesellschaft vollzogen werden soll. Dabei können Vorschläge in den Blick kommen, wie sie zunächst etwa in der Fachdebatte über eine ökologische Ethik ausgearbeitet werden, nun jedoch in allgemeine Regelungen umzusetzen wären. Ein sehr weit gehender Vorschlag sieht beispielsweise *Rechte für künftige Generationen, für Tiere und Pflanzen* vor; ihnen den Status von Rechtssubjekten zuzubilligen hätte die Funktion, den Respekt vor künftigem menschlichem Leben wie auch vor dem gesamten nichtmenschlichen Leben, das für die menschlichen Lebensgrundlagen existenzielle Bedeutung hat, stärker im allgemeinen und individuellen Bewusstsein zu verankern.[54] Es müsste nicht erst eine Klärung erfolgen, ob künftige Generationen, die nur der Möglichkeit nach existieren, und »die Natur« diesen Status wirklich in Anspruch nehmen können – denn die Gesellschaft könnte die Wahl treffen, so zu verfahren, *als ob* dies möglich wäre. Rechtsansprüche könnten vor Gericht geltend gemacht werden von Umweltverbänden, Anwälten und einem Umweltbundesanwalt, die jeweils im Namen von Bäumen, Wäldern, bedrohten Tierarten oder künftigen Generationen Klage führen würden. Nur so wäre wohl ein Begriff von ökologischer Gerechtigkeit im allgemeinen Rechtsbewusstsein zu verankern: Wenn die Verletzung ökologischer Zusammenhänge juristisch spürbare Konsequenzen nach sich zöge und nicht mehr der Gleichgültigkeit anheimfiele.

Eine andere Möglichkeit, ökologische Zusammenhänge, die nicht unmittelbar wahrnehmbar sind, ins Bewusstsein zu rücken, besteht darin, sie finanziell spürbar zu machen. Das kann über einen ökologischen Faktor bei der *Preisbildung* geschehen, ausgehend von der Erkenntnis, dass die Preise für viele Produkte nicht die »ökologische Wahrheit« darüber sagen, welche Belastungen Herstellung, Transport und Konsum mit sich bringen und welcher volkswirtschaftliche Schaden dabei verursacht wird, der von der Gesellschaft und jedem Einzelnen zu bezahlen ist.[55] Die kaum je finanziell bewerteten ökologischen Güter, deren Verfügbarkeit immer als Selbstverständlichkeit betrachtet worden ist, werden dabei gleichermaßen monetarisiert und sprechen somit die Sprache, die in einer marktwirtschaftlich ausgerichteten Gesellschaft am besten verstanden wird. Die politische Einwirkung auf die Preisbildung erspart verwaltungsintensive Kontrollen der Umsetzung ökologischer Normen und dürfte ungleich wirksamer sein als die fragwürdige Grenzwertpolitik. Die Einwirkung auf die Preise wird mit der Erhebung einer *Energiesteuer* realisiert, die das Beharren auf der Nutzung ökologisch problematischer Energien mit höheren Kosten belastet. Die Kalkulierbarkeit ihrer Erhebung und regelmäßigen Erhöhung über einen längeren Zeitraum hinweg veranlasst Produzenten wie Konsumenten, den Strukturwandel hin zu einer gesteigerten Energieeffizienz und zur Umstellung auf alternative Energien zu vollziehen (ökologische Lenkungswirkung). Die Mechanismen des Marktes selbst werden zur ökologischen Umgestaltung der Gesellschaft und der Wirtschaft angereizt: Arbeit,

Kapital, Techniken und Innovationen wandern, weil es sich rechnet, von der Seite ökologisch ignoranten Verhaltens und Wirtschaftens zur Gegenseite. Die staatliche Intervention beschränkt sich auf die Festsetzung des Handlungsrahmens, statt, ohnehin vergeblich, die Handlungen im Einzelnen bestimmen zu wollen; die gleichzeitige Absenkung anderer Steuern vermeidet eine Anhebung der steuerlichen Gesamtbelastung.

Sinnvoll erschiene ferner, die Wirtschaftstätigkeit der Gesellschaft nicht nur anhand des Bruttosozialprodukts, sondern auch mithilfe eines *Ökosozialprodukts* zu messen, das Minderungen und Besserungen etwa der Luft-, Wasser- und Bodenqualität erfassen könnte. Der Wohlstand bemisst sich dann nicht mehr allein nach der Fieberkurve der herkömmlichen Ökonomie, den alljährlich rituell verkündeten Prozentpunkten des »Wirtschaftswachstums«, sondern nach der Entwicklung der ökologischen Güter, die von den Bürgern der Gesellschaft gegenwärtig und künftig genossen werden können. Dieser *Ökowohlstand* ist kein Verschwendungswohlstand mehr, der künftigen Generationen die Kosten eines blindwütigen Wachstums aufbürdet. Das Verständnis dessen, was »Ökonomie« ist, verändert sich dabei von selbst: Da sie die gesamte Energie, mit der sie betrieben wird, und sämtliche Stoffe, mit denen sie arbeitet, letztlich aus der Biosphäre bezieht, kann sie nicht als autarkes System, sondern lediglich als Subsystem der Ökosysteme gelten. Mag sein, dass die Ökologie bisweilen der Ökonomie entgegensteht, vor allem aber stellt sie deren unverzichtbare Grundlage dar, denn womit sonst sollte denn gewirtschaftet werden, wenn die Luft nicht mehr geatmet werden könnte und die ökologischen Zusammenhänge zusammenbrächen? Eine *ökologische Ökonomie* aber kann entstehen, wenn »weder die Regenerationsfähigkeit noch die Absorptionskapazität der Umwelt überschritten wird«.[56] Zum Kapital dieser veränderten Form von Ökonomie zählt nicht nur das menschengeschaffene des Geldes, sondern das naturgegebene der Ökologie; für beide Arten von Kapital gilt dann die Forderung, »das Kapital intakt zu halten«.

Die nachhaltige Wirtschaftsform beruht auf dem Modell der *Kreislaufwirtschaft*, die keine Ressourcen verschwendet und die ökologischen Kreisläufe respektiert, die nicht ungestraft verletzt werden können. Die volkswirtschaftliche Neuorientierung ist freilich davon abhängig, ob auch auf betriebswirtschaftlicher Ebene die Bereitschaft dazu besteht, die internen und externen ökologischen Zusammenhänge zu beachten, sodass jedes einzelne Unternehmen sich nicht mehr nur als Teil des Wirtschaftssystems, sondern auch der Ökosysteme betrachtet. Dies findet seinen Ausdruck in der Woher-Wohin-Frage, die für den gesamten *ökologischen Produktlebenszyklus* gestellt wird. Für die bei der Produktion verwendeten Stoffe und Materialien werden die Kreisläufe geschlossen, bereits bei der Herstellung von Produkten wird deren künftige Wiederverwertung mitbedacht. Verschiedene Gründe können für eine solche Wandlung des betrieblichen Selbstverständnisses ausschlaggebend sein: Die Wahrnehmung ökologischer Verantwortung, die Umsetzung gesetzlicher Vorschrif-

ten, erhoffte Kostensenkungen, drohende Sanierungs-
kosten, veränderte Erwartungen der eigenen Mitarbei-
ter, Innovationspotenziale, Bewertungen der Produkte
durch Test-Institute – und ohne jeden Zweifel steht auch
das »Image« auf dem Spiel, mit messbaren Auswirkungen auf die Entwicklung der Nachfrage. Firmen, die
eine ökologische Umstrukturierung vollziehen und sie
– gemäß einer Verordnung der Europäischen Union von
1993 – von unabhängigen Umweltgutachtern überprüfen lassen (»Öko-Audit«), können mit dem erworbenen
Zertifikat ihre Öffentlichkeitsarbeit bestreiten. Auf diese
Weise wird in der Betriebswirtschaft der ökonomischen
die *ökologische Effizienz* beigesellt, die nicht nur kurz-
fristig (operativ), sondern langfristig (strategisch) angelegt ist und sich sowohl auf die internen Bedingungen
der Herstellung eines Produkts als auch auf das externe
»Produktleben« bezieht.

Eine Sonderrolle bei der ökologischen Umgestaltung
der Gesellschaft und der Wirtschaft kommt der *Autoindustrie* zu, und zwar aus mehreren Gründen: Das Auto ist, solange es mit fossiler Energie angetrieben wird,
ein Knotenpunkt der ökologischen Problematik; zudem
bestimmt es die Alltagserfahrung vieler Menschen so
sehr, dass mit seiner Ökologisierung der entscheidende Schritt zur Umstrukturierung des alltäglichen Lebens gemacht wird; und schließlich ist die Autoindustrie
ein so bedeutender Wirtschaftsfaktor, dass mit ihrer
Umweltverträglichkeit eine merkliche Wegstrecke zur
Transformation der Ökonomie schon zurückgelegt wäre. Mit einer Reihe technologischer Neuerungen kommt

im 21. Jahrhundert das *ökologische Auto* auf den Weg: Der serienmäßige Einbau von Katalysatoren vermindert den Schadstoffausstoß (Stickoxyde, Kohlenwasserstoffe, Kohlenmonoxyd), verhindert allerdings nicht die Freisetzung von Kohlendioxyd. Neue Benzinmotoren mit Direkteinspritzung (»Magermotor«) senken den Kraftstoffverbrauch – die ersten Anfänge zu dieser Technik reichen bis ins Jahr 1898 zurück und fielen, wie so viele technische Alternativen, lange Zeit dem Vergessen anheim. Eine weitere Neuentwicklung stellen Elektromobile dar, die freilich nur dann ökologisch betrieben werden, wenn ihre Batterien mit Strom aus erneuerbaren Energiequellen aufgeladen werden, ansonsten liegt ihr Vorteil lediglich in der Vermeidung der Schadstoffbelastung für die unmittelbare Umgebung.

Seit 1996 werden zudem *Erdgasautos* serienmäßig hergestellt, die wesentlich zur Schadstoffverringerung beitragen, da Erdgas zwar noch ein fossiler Energieträger, mit der Hauptkomponente Methan aber eine wasserstoffreiche Verbindung ist, die schadstoffarm verbrennt. Diese Autos verfügen neben dem neuen Erdgastank auch über einen herkömmlichen Benzintank, um Versorgungsengpässe überbrücken zu können, solange ein Erdgas-Tankstellennetz erst im Aufbau begriffen ist. Was aber die Marktchancen ökologischer Autos angeht, so wird darüber nicht allein auf der Ebene allgemeiner Regelungen, die die Rahmenbedingungen festlegen, sondern mehr noch auf der Ebene der individuellen Lebensführung entschieden. Es ist das Individuum, das mit der Wahl seines Lebensstils auch die bevorzugte

Nutzung von Verkehrsmitteln festlegt; zieht es dabei alle Kosten ins Kalkül (Kaufpreis, Kraftfahrzeugsteuer, Benzinkosten, Versicherungs- und Reparaturkosten – die schwer zu beziffernden ökologischen Kosten nicht eingerechnet), erweist sich im Vergleich zu öffentlichen Verkehrsmitteln das Auto allerdings als teurer. Fällt die Wahl dennoch auf die Nutzung eines Autos, ist es allein das Individuum, das über den Kauf eines bestimmten Typs und die Art seines Gebrauchs im Alltag entscheidet, und je nachdem, wie solche Entscheidungen ausfallen, entwickelt sich der Markt. Durch allgemeine Regelungen wiederum, wie etwa die Koppelung der Kraftfahrzeugsteuer an den Kraftstoffverbrauch eines Typs, kann ein Anreiz zur Bevorzugung sparsamer Autos gegeben werden; ein allgemeines Tempolimit kann den sparsamen Verbrauch zusätzlich fördern.

Die entscheidende technologische Neuerung ist jedoch im Übergang vom Erdgasauto zum *Wasserstoffauto* zu sehen, dessen Prototypen in Deutschland seit 1979 erprobt werden und im frühen 21. Jahrhundert zur Markteinführung bereitstehen. Ähnlich wie beim Elektroauto kommt es darauf an, wie der sekundäre Energieträger Wasserstoff gewonnen wird, denn zunächst muss Primärenergie investiert werden, um den Ausgangsstoff Wasser auf dem Weg der Elektrolyse in seine Bestandteile Wasserstoff und Sauerstoff zu zerlegen. Solaranlagen, Wind- und Wasserkraftwerke können zur Erzeugung von Wasserstoff eingesetzt werden, der gasförmig oder flüssig an seinen Bestimmungsort transportiert und wie Benzin an Tankstellen getankt wird, um schließlich unter Beimischung von Sauerstoff rückstandsfrei (ohne Freisetzung irgendwelcher Schadstoffe) wieder zu Wasser zu »verbrennen«. Eine parallele Neuerung sind *Brennstoffzellen*, in denen flammfrei in kalter Verbrennung, geräuscharm und erschütterungsfrei, Strom und Wärme aus Wasserstoff gewonnen werden. Nach den Dampfmaschinen, die durch die Verbrennung von Kohle angetrieben wurden, und den Benzinmotoren, denen die Verbrennung von Erdöl zugrunde liegt, ist dies historisch die dritte Motorengeneration, die mit der Loslösung von der fossilen Energiebasis nun auch den Abschied von fossiler moderner Technik mit sich bringt und technologisch zum Signum der anderen Moderne wird.

Auf der Wasserstofftechnologie und Brennstoffzelle ruhen die großen Hoffnungen für eine ökologische Zukunft, und dies nicht nur im Hinblick auf die Autoindustrie, sondern auf eine ganze *Wasserstoffökonomie*. Die Umstellung birgt ein Investitionspotenzial von phantastischen Ausmaßen in sich und kann gewiss nicht ad hoc erfolgen. »Aber das Gedankengebäude einer solaren Wasserstoff-Energiewirtschaft steht auf soliden Fundamenten, die Werkzeuge und technologischen Komponenten zu ihrer Konstruktion sind da.«[57] Die Wasserstofftechnologie fügt sich in die bestehenden natürlichen Kreisläufe ein; die möglichen Unfallgefahren bei ihrem Gebrauch werden durch Konstruktionen aufgefangen, die im Vergleich zum Umgang mit fossilen Energien eine höhere Sicherheit bieten. Ein Problem bleibt jedoch das Quantum an Energie, das zur schadstofffreien Erzeugung von Wasserstoff erforderlich ist. Daher führt an einer *Niedrigenergiewirtschaft*, wie sie bereits für die Nutzung herkömmlicher Energien projektiert wird, kein Weg vorbei, sowohl für die investive Energie im Bereich der produzierenden Industrie als auch für die konsumtive Energie im Bereich der Dienstleistungsindustrie, im Verkehr und in den privaten Haushalten. Der verbleibende Bedarf, soweit er im Land selbst nicht befriedigt werden kann, muss weiterhin über Importe gedeckt werden; dabei rückt die Bedeutung des Wasserstoffs als Energieträger nicht nur für die eine oder andere Gesellschaft, sondern für die gesamte Weltgesellschaft in den Vordergrund.

Die Weltgesellschaft, der wir zugehören

Der Industrialisierungsprozess der Moderne und der damit erreichte materielle Wohlstand beruhten auf der Möglichkeit der Ausbeutung fossiler Energiequellen. Dies kam den Ländern zugute, die Kohle, Erdöl oder Erdgas selbst »besaßen« oder aber mit gezielter Interessenpolitik sich die Vorkommen in anderen Ländern zunutze machten. Auf dieser Basis entwickelte sich im Laufe der Moderne eine *planetare Fünftelgesellschaft*, sodass ein Fünftel der Menschheit zu Beginn des 21. Jahrhunderts über den materiellen Wohlstand verfügt, den vier Fünftel entbehren müssen; zugleich verursacht dieses eine Fünftel jedoch auch vier Fünftel der globalen ökologischen Probleme, die vom »Rest der Menschheit«, ohne verantwortlich dafür zu sein, mitgetragen werden müssen. Sowohl die FCKW- als auch die Kohlendioxyd-Problematik gehen nahezu vollständig auf das Konto der Industrieländer und werden durch die stürmische ökonomische, ökologisch völlig unbekümmerte Entwicklung in »Schwellenländern« und »Tigerstaaten« nur noch verschärft. Immer krasser tritt die Kluft zutage zwischen einer planetaren Oberschicht, nämlich den Bewohnern der reicheren Länder, und einer planetaren Unterschicht, die von den weitaus zahlreicheren Bewohnern der ärmeren Länder gebildet wird, deren Ruf nach einer gerechteren Weltgesellschaft nicht zu überhören ist. Die im Entstehen begriffene planetare Öffentlichkeit, zu der satellitengestützte Kommunikationssysteme wesentlich beitragen, rückt diese Verhältnisse rund um den Globus stärker ins Bewusstsein.

Eine Veränderung der Verhältnisse könnte mit der Verbreitung erneuerbarer Energieformen einhergehen. Vor allem die Nutzung von Solarenergie bringt Chancen für all die Länder mit sich, die nie über fossile Ressourcen verfügten und aufgrund des Energieimports zwangsläufig hoch verschuldet sind. Gerade in den Ländern des Südens steht Solarenergie im Übermaß zur Verfügung, und die wirksamste Entwicklungshilfe des Nordens könnte darin bestehen, die erforderliche Technologie zu ihrer Nutzung bereitzustellen. Solaranlagen könnten beispielsweise die Energie für Wasserpumpen, aber auch für industrielle Produktionsanlagen der »Dritten Welt« liefern. Mit dem Heraufkommen eines *planetaren Solarzeitalters* könnte eingelöst werden, was der so genannte »Brundtland-Bericht« nach mehrjährigen Diskussionen zwischen Industrie- und Entwicklungsländern als Ziel einer gemeinsamen Zukunft schon 1987 postulierte: »Nachhaltige Entwicklung« (*sustainable development*), wobei die »Entwicklung« der Wunsch des Südens, die »Nachhaltigkeit« das Anliegen des mittlerweile aufgeschreckten Nordens war. Möglicherweise beeinflusst die bessere Verfügbarkeit von Energie auch das Bevölkerungswachstum, das aus nördlicher Sicht oft als dringlichstes Problem des Planeten gilt. Diese Annahme beruht auf der Beobachtung, dass die Geburtenrate einer Gesellschaft in umgekehrt proportionalem Verhältnis zur Verfügbarkeit von Energie zu stehen scheint, und dies aus einleuchtenden Gründen: »Wo keine Energie gekauft und keine die menschliche Arbeitskraft sparenden technischen Umwandler eingesetzt werden können, sind Familienmitglieder der am leichtesten verfügbare Ersatz.«[58] Kann unmittelbar vor Ort ausreichend Energie genutzt werden, ist es nicht mehr nötig, über zahlreichen Nachwuchs die Arbeitskräfte zu gewinnen, die mit körperlichem Einsatz wenigstens einen Bruchteil dessen leisten, was in den Industrieländern Maschinen mithilfe künstlicher Energieumwandlung bewerkstelligen.

Aufgrund der Möglichkeit, Solarenergie als Wasserstoff zu speichern und über weite Entfernungen zu transportieren, könnte ein neuer globaler Energiemarkt entstehen. Der solar erzeugte Wasserstoff wird daher bereits das *Erdöl von morgen* genannt. Auch einige der bisherigen Erdölförderländer können die konstant hohe Sonneneinstrahlung zur Produktion von Wasserstoff in großen Mengen nutzen, um ihn – auf ähnliche Weise wie Erdöl – in Pipelines oder per Tanker dorthin zu verfrachten, wo er nachgefragt wird. Gemeinsam mit Saudi-Arabien hat Deutschland von 1984 bis 1995 ein Forschungs- und Entwicklungsprojekt (»HYSOLAR«) hierzu durchgeführt, das alle Erwartungen hinsichtlich Produktion, Speicherung und Transport solar erzeugten Wasserstoffs als realistisch erwies.[59] Entsalztes Meerwasser kann mit Energie aus Solaranlagen, die großflächig in Wüstengebieten installiert werden, in seine Bestandteile zerlegt, der so gewonnene Wasserstoff gespeichert und andernorts genutzt werden. Wenn dies dereinst in großem Stil betrieben wird, muss die Aufmerksamkeit allerdings erneut möglichen klimatischen Auswirkungen gelten, denn eine so genannte »Senke« entsteht dort, wo Sonnenenergie und Wasser in großen Mengen zur Produktion von Wasserstoff abgezogen werden; umgekehrt beginnt eine »Quelle« dort zu sprudeln, wo die im Wasserstoff gespeicherte Energie unter Entstehung von Wasser wieder freigesetzt wird. Daher kommt es auch im planetaren Solarzeitalter darauf an, den Energiebedarf gering zu halten; zudem ist es sinnvoll, die verschiedensten Varianten der Wasserstoffproduktion zu nutzen: Neben Solarenergie ist vor allem die Erzeugung mithilfe von Windenergie möglich, wie sie in Argentinien projektiert wird, um die eigene Energieversorgung sicherzustellen, die Luftverschmutzung in den Städten zu reduzieren und überschüssige Energie zu exportieren. Die Herstellung mithilfe von Wasserkraft kann in großem Umfang in Kanada praktiziert werden, um über den Eigenbedarf hinaus Energie in alle Welt zu verkaufen. Wasserstoff kann ferner mit der bei der Verbrennung von Biomasse frei werdenden Energie erzeugt werden. Und ein Neuland ist schließlich die photobiologische Wasserstoffproduktion, die die Tätigkeit wasserstofferzeugender Bakterien in einem »Photobioreaktor« abschöpft.[60]

Während auf diese Weise der Kohlendioxydausstoß eingedämmt wird, können zugleich Anstrengungen unternommen werden, das problematische Übermaß an Kohlendioxyd in der Atmosphäre wieder zu binden, nämlich durch eine *Aufforstung* im globalen Maßstab. Die Initiative dazu müsste von den reichen Ländern des

Nordens ergriffen werden, deren Wälder bis auf Restbestände längst dem Fortschritt geopfert wurden und deren Regenwälder, etwa auf der Olympic Peninsula im amerikanischen Bundesstaat Washington oder im Ista-Tal der kanadischen Provinz British Columbia, noch immer kommerziellen Interessen zum Opfer fallen, während den Ländern des Südens vollmundig das Abholzen von Regenwäldern vorgeworfen wird. Die Industrieländer selbst hätten Flächen, auf denen dies möglich ist, zur Wiederaufforstung vorzusehen; allerdings würden für die globale Aufforstung noch weit größere Flächen benötigt – daher die Idee internationaler »Wiederbegrünungsverträge« für ein globales Wiederaufforstungsprogramm, für das die Industrieländer die Finanzierung zu übernehmen hätten, sofern die Entwicklungsländer bereit wären, Flächen und Arbeitskräfte zur Verfügung zu stellen.

Ein weiterer Gegenstand globaler Anstrengungen könnte die *Erhaltung des Artenreichtums* sein, der zu einem sehr großen Teil in den Regenwäldern beheimatet, aber nicht nur dort bedroht ist. Für diese Erhaltung sprechen vielerlei Gründe: 1. Evolutionäre Gründe, da nur aus einer großen Vielfalt der Arten heraus immer wieder neue Antworten auf veränderte Lebensbedingungen, auch auf anthropogene Veränderungen der Ökosysteme und der gesamten Biosphäre zu erwarten sind. 2. Klugheitsgründe, die dafür sprechen, einen irreversiblen Verlust von Arten zu vermeiden, solange es unmöglich ist, sie, wenn sie ausgestorben sind, »wiederzubeleben«; ihren Verlust wissentlich und ohne Not in

Kauf zu nehmen darf allein schon aufgrund der verlorenen Genpools als unklug gelten. 3. Gerechtigkeitsgründe, seien sie biozentrisch oder auch nur anthropozentrisch motiviert, etwa was die Rechte künftiger Generationen angeht, denen die Erfahrung der Vielfalt des Lebens, wie frühere Generationen sie kannten, ungerechterweise vorenthalten würde. 4. Ästhetische Gründe, insofern vielen gegenwärtig lebenden Menschen die faszinierende, exotische Vielfalt der Tiere und Pflanzen als schön und bejahenswert erscheint. 5. Existenzielle Gründe, da ein unaufhaltsames Artensterben nicht nur verschlechterte Lebensbedingungen für Tiere und Pflanzen anzeigt, sondern mit großer Wahrscheinlichkeit bereits die Lebensgrundlagen des Menschen selbst untergräbt: Die Vielfalt der Arten hat existenzielle Bedeutung für den Menschen selbst; umsichtige und weitsichtige Klugheit zu praktizieren heißt hier erneut, sich nicht in eine Situation zu begeben, aus der es kein Entrinnen mehr gäbe.

Welche Rolle kann angesichts dieser globalen Aufgabenstellungen noch das einzelne Individuum und seine Lebenskunst spielen? Aber die ökologische Lebenskunst basiert auf dem ins Globale erweiterten Bürgersinn des Einzelnen, seiner *kosmopolitischen Citoyenität*, die darin besteht, bewusst ein Bürger der Weltgesellschaft und nicht mehr nur einer national organisierten Gesellschaft zu sein. »Während die Regierungen (noch) im nationalstaatlichen Gefüge handeln, wird die Biographie schon zur Weltgesellschaft hin geöffnet.«[61] Dass dies keine leere Behauptung ist, zeigte sich beispielsweise 1992 in Rio

de Janeiro, als abseits des »Erdgipfels« der Regierungs-
chefs Tausende von Teilnehmern aus aller Welt sich zu
einem »Global Forum« zusammenfanden, das einen
Eindruck davon vermittelte, was Interesse und Initiative
von unten her global bedeuten können. Das planetarische Bewusstsein, das dem erweiterten Bürgersinn zugrunde liegt, meint die *Aufmerksamkeit* auf all das, was
über das Selbst, das eigene Haus, die eigene Stadt und
Region, das eigene Land weit hinausgeht. Die Erweiterung der Aufmerksamkeit führt aus der Fixiertheit auf
die internen Probleme der »Ersten Welt« heraus, sowohl
in ökologischer als auch in sozialer und politischer Hinsicht; eine Umkehrung der Perspektive ermöglicht dem
Individuum, sich vom wohlstandszentrierten Blick zu
lösen, der eine stillschweigende und damit nur umso ge-
waltsamere Rücksichtslosigkeit in sich birgt, um mit den
Augen von Menschen der »Dritten Welt« gen Norden zu
blicken; so empfindet das Individuum selbst die Ohn-
macht angesichts der Macht des materiellen Reichtums
im Norden des Planeten und lernt selbst kennen, was
dies für die individuelle Existenz bedeutet. Nur der Zu-
fall der Geburt hat es mit sich gebracht, der einen oder
anderen Seite zuzugehören.

Die kosmopolitische Citoyenität begründet die Lebensform der planetarischen Existenz und kommt zum
Ausdruck im individuellen *Lebensstil*, etwa im ständigen
Bemühen, die Kommunikation und Kooperation mit
Anderen über bestehende Grenzen hinweg zu suchen,
transnationale Interessengruppen und Solidargemein-
schaften zu unterstützen und selbst an ihrem Zustande-

kommen zu arbeiten. Der Lebensstil wirkt sich im bewussten Gebrauch von Weltmarktprodukten aus, um auch hier die Marktmacht des Individuums von unten her auszuspielen und Einfluss, und sei er noch so gering, auf die sozialen und ökologischen Produktionsbedingungen in den Herkunftsländern auszuüben. Es ist der Initiative von Individuen zu verdanken, wenn der »faire Handel« mit Partnern in Afrika, Asien und Lateinamerika zu einem ernst zu nehmenden Wirtschaftsfaktor wird: Individuen bringen diesen Handel zuwege und praktizieren eine Form von Marktwirtschaft, bei der mehr abfällt als nur Entwicklungshilfe: Statt herablassender »Hilfe« kommt ein Handel in Gang (»trade not aid«), der eine nachhaltige Verbesserung der Lebensbedingungen bewirkt und zugleich die Qualität der Produkte erhöht; Pilotfunktion hierfür hat der Teehandel gewonnen.

Mit der bewussten Wahrnehmung der kosmopolitischen Citoyenität durch Individuen wächst die globale kritische Öffentlichkeit heran, die eine kontrollierende Macht gegenüber der Globalisierung der Politik und ein notwendiges Gegengewicht zur Globalisierung der Ökonomie darstellt. Mit ihrer Hilfe kann der Begriff einer *Menschheitsräson* anstelle der überkommenen Staatsräson eingeklagt werden. »Die *raison d'humanité* ist ein wesentliches Konzept für die politische Philosophie im 21. Jahrhundert.«[62] Alles Tun und Lassen wäre nach den planetaren Konsequenzen zu befragen, die es nach sich ziehen kann. Dies zur Richtschnur zu machen sollte nicht »staatstragenden Eliten«, ihrer Macht und

ihrem Wissen oder gar ihrem »strengen Moralkodex«
anvertraut werden, sondern besser der Sensibilität und
Initiative von unten her entspringen, um zu gewähr-
leisten, dass die beständige Frage nach der Menschheitsräson zum kritischen Korrektiv für das einzelne Individuum selbst und ausgehend von ihm auch für die bestehenden Verhältnisse wird, nicht aber zum Instrument
einer neuerlichen »Beglückung« der Menschheit von
oben.

Darin hat die Suche nach einer neuen Lebenskunst
letztlich ihren Sinn: Die Abhängigkeit der individuellen
Existenz von grundlegenden Strukturen und übergreifenden Zusammenhängen wahrzunehmen, die existenziell bedeutsam für das Selbst und Andere sind, um eine
bejahenswerte Existenz führen zu können. Das Individuum versteht es als Bestandteil seiner reflektierten Lebenskunst, die Konsequenzen der eigenen Lebensführung auch für Andere und andernorts in den Blick zu
bekommen und den globalen Blick von außen einzu-
üben – nicht um die kleinen alltäglichen und persön-
lichen Verhältnisse geringzuschätzen, sondern um die
räumliche und zeitliche Erweiterung des Horizonts zur
Grundlage seiner klugen Wahl zu machen. Die ernst ge-
nommene kosmopolitische Citoyenität bringt es mit
sich, in Begriffen der Weltgesellschaft zu denken, sei es
aus freien Gründen oder aus Gründen der Klugheit; der
Zugehörigkeit zu dieser Polis, die die Gesamtheit der
Menschen auf dem Planeten selbst umfasst, kann der
Einzelne, anders als bei der herkömmlichen Form der
Bürgerschaft in einer Gesellschaft, ohnehin nicht ent-

rinnen, er kann sie allenfalls ignorieren. Eine reflektierte Lebenskunst, die diesen Namen verdient, kann sich jedenfalls nicht mehr in der Pflege privater Gärten erschöpfen. Unwiderruflich ist die Erde selbst zum Garten des Menschen geworden, zu einem Garten aber am Rande des Abgrunds; der Mensch, jeder einzelne, kann diesen Garten kultivieren, darin besteht seine Lebenskunst. Sich um das Leben auf dem Planeten zu sorgen wird ihm, will er nicht das Ende seiner eigenen Existenz riskieren, von seiner Freiheit abverlangt, die diese Existenz bedrohen kann. Dann erst, wenn er dieser Aufgabe sich gewachsen fühlt, kann er eines Tages vielleicht aufbrechen zu den Sternen, in jenen unendlichen Raum, dessen Grenzen allenfalls die der Wahrnehmbarkeit sind und der zweifellos die umfassendste Dimension aller Lebenskunst darstellt.

Schluss: Zurück auf die Bäume!
Ausblick auf das Leben im 3. Jahrtausend

Es war einmal vor langer Zeit, als eine junge Frau die Abholzung uralter Wälder nicht mehr akzeptieren wollte. Man schrieb das Jahr 1998, als Julia Hill auf einen bedrohten Redwood-Baum kletterte und ihn nicht mehr verließ. Von der Baumkrone, in der sie sich in 80 Metern Höhe wohnlich einrichtete, hatte sie einen phantastischen Blick auf den Pazifischen Ozean. Der Baum war damals schon 2000 Jahre alt, und heute steht er immer noch und ist das Ziel zahlreicher Pilgerreisen. Denn Julia bewirkte nicht nur den Erhalt dieses Baumes und all der Redwood-Wälder, sondern schuf, ohne es zu wissen, zugleich das Muster der neuen Lebensform, die im Laufe des 3. Jahrtausends auf rasante Weise um sich griff: Leben auf Bäumen. Sie nannte sich selbst »Butterfly«, denn leicht und vom Wind getragen wie ein Schmetterling erschien ihr diese neue Existenz. Die Bewegung, der sie angehörte, nannte sich »Earth First«, bekannt durch ihren Einsatz für den Erhalt allen Lebens auf der Erde, als die Erde noch der einzige von Menschen bewohnte Planet war.

Auszug aus einem elektronischen Geschichtsprogramm
des späten 3. Jahrtausends, Stichwort Baum

Welche Erleichterung! Sokrates 2X zieht die würzige frische Waldluft tief in seine Nase. In seinem Kopf sortiert er die verschiedenen, sich überlagernden Geruchsmomente: Waldboden, Gräser, Kiefernnadeln, Buchenblätter, ein wenig Moder. Ruhig wartet er ab, bis der Rausch der Sinne verflogen ist, dann klettert er auf seinen Baum, eine mächtig ausladende Buche im mitteleuropäischen Mischwald. In lärmdurchtosten, luftverschmutzten Städten muss der Mensch des 3. Jahrtausends schon lange nicht mehr leben. Will er mittendrin im Weltgeschehen sein, kommt es auf seinen Aufenthaltsort nicht an. Seit dem 21. Jahrhundert spielt sich das Weltgeschehen vorzugsweise in virtuellen Räumen ab, und Zugang dazu gibt es überall, ein Uralt-Laptop genügt. So erfüllte sich auch Sokrates 2X seinen Kindheitstraum: Zurückzukehren an den Ort, den die Menschen in der Frühzeit der Menschheit, vielleicht etwas voreilig, verlassen hatten. Zurück auf die Bäume!

Die Veränderung des Lebensstils gegenüber den Bildern, die noch aus dem 2. Jahrtausend geläufig sind, könnte gravierender kaum sein. Tief im renaturierten Wald hat Sokrates 2X sich ein Baumhaus gebaut, so stabil und perfekt wie auf den niedlichen Kinderspielplätzen des fernen 20. Jahrhunderts. Zugang mit Strickleiter, beheizbar im Winter. In einer kaum wahrnehmbaren Stange aus transparentem Material windet sich ein unscheinbares Kabel nach oben, dorthin, wo ein zauberhaftes Gebilde über den mächtigen Baum hinausragt: Tausende von silbrig glänzenden Blättern schwanken an Kunststoffästen im Wind. Von ferne ist, wenn überhaupt, nur ein Glitzern und Flirren über den Baumwipfeln erkennbar. Hoch effizient wie die Photosynthese der natürlichen Blätter und nach demselben Prinzip arbeitet diese High-Tech-Solaranlage. Aus ihr bezieht Sokrates 2X den Strom für seinen Waldhaushalt mit Weltanschluss. Zugleich betreibt er damit eine kleine Wasserpumpanlage und gewinnt durch Elektrolyse das Wasserstoffgas, mit dem er kochen und heizen kann, wann immer er will.

Baumhaus.
Robert C. Schmid, *Die letzten Waldmenschen.*
Die Baumhausbewohner Neuguineas, Adeva, 1999.

Auch sein Fahrzeug, das er unten auf dem Waldboden geparkt hat, wird mit Wasserstoff angetrieben: Die Utopie des Wassers, im ausgehenden 20. Jahrhundert geträumt, ist hier Realität geworden. Den Geschichtsprogrammen, in denen er gerne virtuell flaniert, entnimmt Sokrates 2X, dass schon im frühen 21. Jahrhundert Wasserstoffautos in Serie gingen; letztlich wird Wasser (genauer gesagt: das aus Wasser gewonnene Wasserstoffgas) in ihnen »verbrannt«, wobei wiederum Wasser entsteht – perfekte Technologie der Rezyklierung, ohne Freisetzung irgendwelcher Schadstoffe. Das archaische Wort »Auto« wird für dieses Fahrzeug nicht mehr verwendet; vielmehr nennt man es *Gleiter*, so ruhig und geräuschlos gleitet es über den Waldboden und durch die Landschaft. Die Brennstoffzelle, die den vorsintflutlichen Benzinmotor ersetzt hat, arbeitet kaum hörbar und erschütterungsfrei. Mit einer Minibrennstoffzelle betreibt Sokrates 2X auch sein Laptop, während andere sich längst einen Biochip ins Gehirn implantieren ließen. Die Telekommunikation bestreitet er allerdings mit einem *Cyborg-Phone*, das nahezu vollständig in den Körper integriert ist, nichts als ein Punkt im Ohr und am Kehlkopf.

Sokrates 2X kann einfach nicht davon lassen, den Romantiker zu spielen, und kombiniert daher gerne Elemente der archaischen »Moderne« früherer Zeiten mit der Technik des *Cyborg*, des »kybernetischen Organismus«. Manche bespötteln ihn als Techno-Nostalgiker, aber er weiß, dass dies ein missverständlicher Begriff ist, denn am Ende des 2. Jahrtausends gab es eine Jugendbewegung, die einem Tanz namens »Techno« frönte; die jungen Leute sollen sich sogar jedes Jahr zur Sommerszeit zusammengerottet haben, um Umzüge zu veranstalten, bei denen Frauen ihre Brüste und Männer ihre Wasserpistolen zeigten, sie nannten das »Love Parade«. Einer seiner Freunde forscht hierüber, aber es ist schwierig, eine alte Zeit so von außen, aus so großer zeitlicher Ferne beurteilen zu wollen; zweifellos wäre es besser, sie von innen heraus zu verstehen zu suchen, aber Sokrates 2X interessiert sich nicht ernstlich dafür.

Die elektronische Existenz, die ihm ermöglicht, beliebige Informationen rund um den Planeten auszutauschen, seinen gesamten Weltverkehr von einer Baumkrone im Mischwald aus zu lenken, alle seine Bedürfnisse an Ort und Stelle zu befriedigen, hat Sokrates 2X keineswegs dazu geführt, den sinnlichen Kontakt zu anderen Menschen zu verlieren oder auch nur zu vernachlässigen, ganz im Gegenteil. Zuweilen verlässt er seinen Hochsitz über die Strickleiter, sichert ihn elektronisch und besteigt seinen Gleiter. In der Nähe menschlicher Siedlungen aktiviert Sokrates 2X den Fahrgeräuschsimulator, damit das Gerät von Passanten besser wahrgenommen werden kann. Die Dächer der Häuser glänzen schwarzsilbern, mit Solartechnik bestückt, und auch die milchig weißen, von transparenten Stellen (»Fenstern«) durchbrochenen Hauswände sind vollständig photovoltaisch aktiv: Das *Solarzeitalter* löste schon zu Beginn des 3. Jahrtausends die von fossilen Energien getragene »Moderne« ab. Während er über die Straßen dahingleitet, huschen durch die Lüfte die *Discs*, Fluggeräte, die sich mit unerhörter Geschwindigkeit und Behendigkeit bewegen, da sie die Schwerkraft abschirmen; es gibt sie in allen Größen, Farben und Formen – manchmal sieht der Himmel aus, als habe jemand mit beiden Händen bunte Smarties in die Luft geworfen. Unentwegt stimmen sie ihre Bewegungen elektronisch aufeinander ab, sodass Kollisionen, ganz wie bei Vögeln, Fliegen und Libellen, äußerst selten sind.

Im Grunde könnte Sokrates 2X das Leben in der Stadt durchaus attraktiv finden. Die Wasserstofftechnologie hat die Luftverschmutzung und den unerträglichen Lärm, über die in alten Zeiten endlose Klagen geführt wurden, vergessen gemacht. Aber er liebt nun mal das Leben auf den Bäumen, die bezaubernd frische Luft am Morgen, die Vogelstimmen am Abend. Er zieht die Gelassenheit seiner »Schmetterlings-Existenz« der hektischen Betriebsamkeit der Stadt vor, in die er nur zum Kaffeetrinken mit Freunden gelegentlich gleitet. Die Pflege der Freundschaft abseits der elektronischen Interaktion ist eine Wahl, die er bewusst getroffen hat und für die er sich viel Zeit nimmt, ein Bestandteil seiner *Lebenskunst*, sein individueller Beitrag zur Kultur der Gelassenheit, die von der Gesellschaft der Einsiedler in den Wäldern des Planeten gepflegt wird.

Zweifellos ist Sokrates 2X ein wenig philosophisch angehaucht. Aber er übertreibt es nicht. Er übereilt und übertreibt nichts. Beim Stöbern in den Geschichtsprogrammen hat er dieses Wort »Lebenskunst« entdeckt, das ihm sehr zusagt. Mag es alt und ungewöhnlich sein, ihm erscheint es in seiner Schlichtheit schön. »Kann ich das, was ich mache, Lebenskunst nennen?« So fragt er sich seither. Diese Lebenskunst hat jedenfalls, das ist ihm klar, im 3. Jahrtausend auf stark veränderte Lebensbedingungen – im Vergleich zu früheren Zeiten – zu antworten. Eine unangenehme Bedingung ist die ökologische Problematik, die die Menschen der »Moderne« hinterlassen haben. Sokrates 2X ist sich beispielsweise über die Nützlichkeit angenehmer Temperaturen für das Leben auf Bäumen im Klaren, und doch flucht auch er, sonst eher mild und heiter gestimmt, auf das gedankenlose 20. Jahrhundert, dessen Erbschaft im Erdklima nicht auszulöschen ist: Über Jahrhunderte hinweg mussten immer wieder neue Höchstwasserstände der Weltmeere rund um den Planeten hingenommen werden, mit welchen Konsequenzen für wie viele Menschen! Aus grauer Vorzeit ist noch der Begriff »Atlantis« geläufig für ein sagenhaft schönes, aber untergegangenes Land. Das Atlantis des 3. Jahrtausends ist Holland, das im Verlauf eines quälenden, Jahrhunderte währenden Prozesses nahzu vollständig in den Fluten der Nordsee versank. Längst ranken sich um dieses Land Mythen, die vermuten lassen, dass es sich um die am höchsten entwickelte Kultur des Planeten gehandelt haben muss, ein wahres Eldorado der Lebenskunst mit einer Unzahl glücklicher Menschen; auch über glücklichen Südseeinseln, zum Teil ihre ehemaligen Kolonien, schlugen die turmhohen Wogen des Ozeans zusammen.

Dass so viele Menschen heute auf Bäumen leben, darf wohl als eine unbewusste Reaktion auf die ständig steigenden Wasserpegel des 3. Jahrtausends gelten. Und zugleich ist der Planet doch buchstäblich grüner geworden: Globale Wiederaufforstungsprogramme haben erst die Wälder geschaffen, die nun so vielen 2X-Menschen eine Wohnstatt bieten. Insofern hatte die ökologische Problematik auch, subjektiv gesehen, erfreuliche Konsequenzen, Sokrates 2X will das nicht verkennen. Ein objektives Problem der planetaren Gesellschaft sind jedoch die hohen Kosten für die Sondereinheiten der *Global Atom Watch Police*, die nicht nur die Aufgabe hat, die bekannten Lager für Atomabfälle des 20. und 21. Jahrhunderts zu überwachen, sondern alle Regionen und Meere der Erde ständig neu mit empfindlichen Instrumenten abzusuchen: Wo überall haben die perfiden Altmenschen ihren Atommüll vergraben?

Die größte Herausforderung für das Leben im 3. Jahrtausend ist allerdings die grundsätzlich beliebige Verlängerbarkeit des Lebens. Schon in den letzten Jahren des 2. Jahrtausends hatten Wissenschaftler die Telomere an den Enden der DNS-Fäden entdeckt, die für das Altern eines Menschen verantwortlich sind. Die entsprechenden humantechnischen Möglichkeiten ließen nicht lange auf sich warten: Was an diesen Telomeren mit fortschreitendem Alter durch natürliche biochemische Prozesse abgeschnitten wird, lässt sich auf technischem Wege wieder anstückeln. Verjüngungskuren sind möglich, die so erstaunliche Resultate zeitigen, dass man, begegnet man einem »alten« Freund oder einer Freundin nach längerer Zeit wieder, glauben könnte, ihr Passbild aus der Jugendzeit sei wieder auferstanden.

Freilich ist die Anwendung dieser Technik sehr teuer;

nicht alle können sich das leisten, daher hat die globale Solidargesellschaft humane Gesetze gemacht: Krankenkassen müssen die Behandlung bezahlen. Freilich würden die Krankenkassenbeiträge ins Astronomische wachsen, müsste die komplette Unsterblichkeit für alle finanziert werden, also mussten einige Abstufungen eingeführt werden: Wer von Sozialhilfe lebt (und das tun die meisten), hat Anspruch auf drei Behandlungen, das bringt immerhin eine Lebensverlängerung um dreimal fünfzig Jahre, danach ist allerdings Schluss. Gewöhnliche Arbeitsbesitzer können sich durchschnittlich eine zehnmalige Verlängerung leisten, und bei noch größerem Wohlstand öffnet sich die Spannweite nach oben: bis zu hundertmal. Die Unsterblichkeit können nur extrem reiche Menschen bezahlen. Sokrates 2X findet das zwar bedauerlich, aber absolute Gerechtigkeit gibt es eben nicht, und auch die schönste Gerechtigkeit scheitert an der Finanzierbarkeit, und unter diesen Umständen sind die bestehenden Regelungen, wie er meint, besser als nichts. Zumal die Unsterblichen unfreiwillig einen Preis zu bezahlen haben, der ihren Gewinn an Jahren offenkundig wieder zunichtemacht: den Preis der tödlichen Langeweile.

Lebenskunst heißt daher von Grund auf: Wahl der Grenze des Lebens. Sokrates 2X hat sich mit sich selbst auf 500 Jahre verständigt. Das erscheint ihm ausreichend, um in Ruhe sein Leben zu leben, einige interessante Entwicklungen im wissenschaftlichen Bereich über längere Zeit mitzuverfolgen, es aber dennoch nicht zu der gefürchteten Langeweile kommen zu lassen. Natürlich wäre es möglich, diese Frist zu verlängern, solange das Geld reicht, aber Sokrates 2X ist sich sicher, darauf verzichten zu wollen, denn er hat bei Anderen gesehen, was es bedeutet, in dieser Hinsicht unschlüssig zu sein: ein ewiges Hin und Her, nicht mehr wirklich leben zu können, noch nicht sterben zu wollen, Selbstverachtung, Haß auf andere Menschen und die Welt überhaupt. Das wird er sich ersparen und seinem Leben eine klar bestimmte Form geben. Wenn seine Zeit gekommen ist, wird er keine Verlängerung mehr beantragen, sich stattdessen einfach nur hinlegen und wegdämmern; aktiv eingreifen, wie viele andere, die vor dem Prozess des Sterbens selbst die meiste Angst haben, wird er bei sich selbst nicht; vielleicht werden die Kräfte noch eine Weile reichen, um zu beobachten, was geschieht, und den Blick zurück noch zu genießen.

Das Leben der Gesellschaft, sowohl der partikularen Gesellschaft der Einsiedler als auch der umfassenden, globalen Solidargesellschaft, hat sich unter diesen Bedingungen eingespielt, und das war ein lange dauernder, schwieriger Prozess. Lange Zeit galt ein striktes Fortpflanzungsverbot, denn die natürliche Folge der ersten Welle der Lebensverlängerungen war zunächst ein Sterbestau. Mittlerweile aber ist die Reproduktion neu geordnet. Die Lebensform der Familie erlebte unter diesen Bedingungen ein *Revival*, sie findet sich lediglich begrenzt, im buchstäblichen Sinne, auf eigens dafür eingerichtete Reservate, in denen Freiwillige der Tätigkeit der Fortpflanzung (gentechnologisch, nicht selten sogar noch traditionell) sowie der unvermeidlich damit ver-

bundenen Erziehung nachgehen. Die Fortpflanzungs-
raten werden in dem Zielkorridor gehalten, den die Solidargesellschaft für wünschenswert hält; wer dabei
nicht kooperiert, riskiert die fristlose Kündigung. An
Wochenenden kommen Menschen von überall her zu
Besuch und bestaunen, wie in einem Zoo des 2. Jahrtausends, die exotische familiäre Lebensform; ein wenig
kontrollieren sie dabei auch, was mit ihren Steuergel-
dern geschieht, denn die Familienarbeit wird außerordentlich gut bezahlt; erst nach einem umfangreichen
Studium verschiedenster Kultur- und Naturwissen-
schaften kann das Familiendiplom erworben werden,
das eine echte Chance auf dem Familienmarkt eröffnet.

Für gewöhnliche Bedürfnisse stehen überall in den
Städten und auf dem Lande »Liebeshotels« zur Verfügung – wie so vieles in der Welt des 3. Jahrtausends eine
japanische Erfindung. In Dingen der Liebe hat sich die
Virtualität (»Cybersex«) nicht sonderlich gut bewährt,
vielmehr hat sich das alte Phänomen der Geschlecht-
lichkeit erstaunlich hartnäckig gehalten, wenn auch auf
ganz anderer Grundlage: Waren die Menschen einst ihrem jeweiligen Geschlecht ausgeliefert, so ist das Geschlecht nun längst eine Frage der Wahl. Einige wählen
die Eindeutigkeit: männlich oder weiblich; viele aber die
Zweideutigkeit mit einem je individuellen *M-F-Mix*.
Letztere tragen die maskulin-femininen Spannungen in
sich selbst aus, genießen es jedoch, bei der körperlichen
Liebe je nach Belieben die Seiten wechseln zu können,
wahre Androgynität.

Keineswegs geht es um käufliche Liebe in den Liebeshotels, vielmehr sind es Orte der Verabredung und Begegnung zwischen Menschen, die auf altertümlich sinnliche und persönliche Art die Kunst des Liebens in einem Ambiente pflegen wollen, das eigens dafür geschaffen worden ist. Auch Sokrates 2X schätzt die Gefühle, die dabei empfunden werden können, und scheut nicht einmal den Exzess, allerdings am rechten Ort und zur rechten Zeit. Die entsprechende Ekstatik ist eine Methode der Lebenskunst, die ihre eigenen Regeln und verschiedene Ausprägungen kennt. Im fernen 20. Jahrhundert, so weiß er, haben die Menschen ihre Liebesgefühle regellos und massenhaft ekstatisch ausgelebt, sie nannten es »Sex«. Aber sie vergaßen, dass der regellosen Ekstatik keine Dauerhaftigkeit beschieden ist, und so schliefen sie schließlich ein bei ihren Verrichtungen, selbst Wunderpillen konnten ihnen nicht mehr helfen. In einem uralten, 1998 ins Deutsche übersetzten Buch, *Essais*, eines noch viel älteren französischen Philosophen namens Montaigne fand Sokrates 2X stattdessen einen Satz, der ihm aus der Seele gesprochen ist; er überspielte ihn sogleich ins Standardprogramm seiner Lebens-Sentenzen, so wie dieser Montaigne sich einst wichtige Sätze in die Deckenbalken seines Turmzimmers (auch er wohnte gerne etwas erhöht über der Erde) ritzen ließ: »Etwas Erregung, ja – aber bitte keine Raserei!«

Die Lebenskunst im 3. Jahrtausend besteht jedoch nicht etwa nur aus einem unbeschwerten, leichten Leben, wie dies die Existenz der Liebeshotels glauben machen könnte. Krankheiten, die das Leben schwer machen oder es auslöschen, sind keineswegs besiegt; sie drohen gerechterweise auch den Unsterblichen, und die Lebenskunst heißt angesichts dessen, wie zu alten Zeiten, ausreichend innere Stärke zu gewinnen, um die drohende Gefahr einer Krankheit oder die Krankheit selbst aushalten zu können. Braucht er einen Arzt, muss Sokrates 2X sich nicht von seinem Baumhaus wegbewegen: Er schluckt lediglich eine kleine Sonde, die es in Pillenform zu kaufen gibt, dann wählt er den Code des Medizinischen Zentrums und überlässt es einem der dortigen Experten, die Sonde teletechnisch durch den Körper zu führen, per Videoaufnahme die Beschwerdestellen zu betrachten, Analysen vorzunehmen sowie einfache Medikationen und kleinere Reparaturarbeiten gleich an Ort und Stelle auszuführen. Für schwierigere Fälle und lebensbedrohliche Krankheiten steht eine bewundernswerte Technik zur Verfügung, die Humangenetik, deren Möglichkeiten am Ende des 20. Jahrhunderts bereits erstaunlich hellsichtig vorausgeahnt wurden. Aber Eingriffe ins Genmaterial bleiben riskant. Noch immer gibt es böse Überraschungen, wenn eine komplizierte, bisher unbekannte Wechselwirkung zwischen einigen der zahllosen Gene eines Menschen plötzlich ihre fatale Kraft offenbart. Eine Krankheit wird beseitigt, eine andere bricht aus. Die Präzision der Eingriffe im molekularen Bereich lässt noch immer zu wünschen übrig, und zugleich mangelt es der »Natur«, die es eigentlich nicht mehr gibt, nicht an Erfindungskraft, um für jede besiegte Krankheit auf dem Planeten sogleich eine neue einzuführen.

Die größte Neuerung für das Leben im 3. Jahrtausend

aber ist der Aufbruch in den Raum, der in bescheidenem Maße ebenfalls im ausgehenden 2. Jahrtausend schon begonnen hatte. Mit welchen Konsequenzen! Das 3. Jahrtausend ist die Epoche der *Kosmologisierung*. Die irdische Zeitrechnung relativiert sich angesichts des kosmischen Horizonts der menschlichen Existenz. Der kosmologischen Lebenskunst liegt ein Bewusstsein für die Relativität der Zeit zugrunde, sie weiß um die Relativität der menschlichen Geschichte als einer verschwindend kleinen Insel im Meer der Zeit und in der Unendlichkeit des kosmischen Raums, mag das menschliche Leben mittlerweile auch andere Planeten kultiviert haben und somit nicht mehr gebunden sein an den Planeten Erde.

Sokrates 2X traf unlängst bei einem seiner Ausflüge in die Stadt einen Menschen seiner Generation. Er stammte vom Mars und erzählte ihm von seinem Leben dort. Sein Großvater war noch ein gebürtiger Erdenmensch gewesen, hatte jedoch die Marsbürgerschaft erworben, weil er sich davon den Beginn eines völlig neuen Lebens versprach. Oft nahm er, wenn ihn das Erdweh packte, den kleinen Enkel abends bei hereinbrechender Dämmerung mit vors Haus, nicht so sehr, um den herrlichen Himmel in Rosa bei Sonnenuntergang zu betrachten, sondern um das Aufglimmen eines hellen Sterns am Firmament beinahe andächtig zu erwarten – eines Sterns, der sich von anderen Sternen nur dadurch unterschied, dass er bei genauerem Hinsehen etwas bläulich schimmerte. Es schimmerte auch in Großvaters Augen, wenn er darauf zeigte und sagte: »*Die Erde. Das* war einst mein *Zuhause*.« Der Enkel verstand ihn nicht recht, er verband mit diesem Namen nichts, die Beschreibung einer blau leuchtenden Atmosphäre erschien ihm merkwürdig, denn eine normale Atmosphäre war nun mal rötlich. Mit Interesse betrachtete er jedoch die Bildbände, die Großvater vor ihm ausbreitete: Auf ihre Weise war auch die Erde eine interessante Welt, und auch dort lebten offenkundig Menschen. Irgendwie erschien ihm diese Welt freilich zu alt, schwer mit Geschichte belastet, allzu traditionell.

Sokrates 2X fiel sofort die allzu traditionelle Zeitrechnung ein. Auch wenn die Mikrozeit seit langem nach »Swatch-Takt« gemessen wurde, 1000 Takte pro Tag, überall gleich auf dem Planeten, so hält man doch aus Gewohnheitsgründen noch immer daran fest, die im Grunde zeitlose Makrozeit in der Jahrtausendform zu belassen, die einst von einer »Christentum« genannten historischen Bewegung eingeführt worden war. Selbst Sokrates 2X, von skeptischer Reserviertheit gegen jede Zeiteinteilung geprägt, interpretiert alles, was keine »2« als erste Ziffer der Jahreszahl aufweisen kann, als sehr alt. Die »1« etwa in einer beliebigen Jahreszahl wie »1999« erscheint ihm wie das Fossil einer längst vergangenen Zeit; aber nicht nur ihm ergeht es so, es werden vielmehr regelrechte Nostalgie-Parties veranstaltet, auf denen viel über die »Einsen« gelacht wird, wie die naiven Menschen des 2. Jahrtausends posthum genannt werden. Sokrates 2X lacht dabei besonders gerne, denn er hat bei einem seiner Geschichtstrips einen Text aus genau diesem x-beliebigen Jahr 1999 entdeckt, kurioser

Titel: »Plädoyer für die Wiederkehr der Heiterkeit«. Seither versucht er sich in der experimentellen Anwendung dieser Überlegungen und macht sie zu einem Eckpunkt seiner Lebenskunst.

Aus der »Weltgesellschaft« des 21. Jahrhunderts ist im Laufe des 3. Jahrtausends die *Kosmische Gesellschaft* geworden, die logische Folge der Verunendlichung der endlichen Existenz, die nicht mehr nur zeitlich, sondern auch räumlich keine Grenzen mehr kennt. Diese Gesellschaftsform hat allerdings mit Problemen zu kämpfen, die sich die Mikrogesellschaften der archaischen »Moderne« nicht hätten träumen lassen. Doppelte Staatsbürgerschaft! In der Kosmischen Gesellschaft herrscht ein ständiges Kommen und Gehen von Menschen, die nicht nur synchron, sondern diachron leben. Soeben trifft beispielsweise eine Gruppe ein, die vor 500 Jahren zu einer Sternerkundung aufgebrochen war. Fast mit Lichtgeschwindigkeit waren diese Menschen unterwegs, sodass sie in dieser Zeit lediglich 20 Jahre älter wurden. Nach ihrer Rückkehr verlassen sie sich nun darauf, dass sie als gleichberechtigte Bürger des Planeten behandelt werden, obwohl sie 500 Jahre lang ihre Steuern nicht bezahlt haben. Statt dankbar für die freundliche Aufnahme zu sein, die ihnen bereitet wird, beginnt einer aus der Gruppe sich darüber zu beschweren, dass in dem Haus, das er damals zurückließ, »wildfremde« Menschen wohnen. Er beruft sich auf sein Eigentumsrecht und berührt damit, vermutlich ohne es zu wissen, einen außerordentlich wunden Punkt. Denn ein funktionierendes Rechtssystem für die Gesellschaft der Nichtgleichzeitigkeit ist noch nicht geschaffen worden! Das Problem ist bekannt, die Transformation des Systems ist im Gange, aber es bereitet schon genug Mühe, die extrem unterschiedliche Lebensdauer der auf dem Planeten selbst lebenden Menschen zu berücksichtigen. Nun auch noch die *Weltraumsurfer*, die aus der Vergangenheit in der Gegenwart ankommen! Was wird erst los sein, wenn die Desperados der Zukunft die Gegenwart heimsuchen? Niemand sollte sagen, dies sei unmöglich, denn die historische Erfahrung erweist zur Genüge, dass selbst das Unmögliche möglich ist.

Bei einer solchen Gelegenheit stellt sich natürlich die Frage, was denn einst so viele Menschen dazu getrieben hat, die Erde zu verlassen. Da es zuverlässige Dokumente hierüber kaum gibt, lassen sich die aufgestellten, gegensätzlichen Theorien nicht recht klären. Die einen vermuten, dass eine nicht endende Serie von Kriegen die Menschen zur kosmischen Flucht veranlasste. Die anderen gehen ganz im Gegenteil von einem Übermaß des Friedens aus: Diese Ruhe und Harmonie, diese Harmlosigkeit sei nicht auszuhalten gewesen. Wahrscheinlich war es, wie immer, beides zugleich. Die Menschen hatten nur die Wahl zwischen ihrer Destruktion auf dem Planeten selbst, aufgrund von Krieg oder Frieden, oder ihrem Exodus ins All; so kam es zum Bau der ersten Siedlungen auf dem Mond, zu den ersten Schritten auf dem Mars, zur lange Zeit abenteuerlich erscheinenden Beschleunigung der Raumschiffe bis zur Lichtgeschwindigkeit und mittlerweile darüber hinaus.

Eines freilich ist gewiss, auch in dieser Welt geht es

um die wesentlichen Dinge des Lebens: Wer liebt wen, und wer hat über wen was gesagt? *Soap Operas*, intime Interna aus irgendeinem monegassischen Fürstenhaus sind noch immer wichtiger als die Probleme des *Terraforming* des Mars. Die öffentliche Diskussion beißt sich an Kommafragen einer rudimentären Rechtschreibreform viel leidenschaftlicher fest als an der Frage, wie ein archaischer Krieg zwischen verfeindeten Regionen beendet werden kann. Die Liebe zur jeweiligen »Heimat« hält der Kosmopolitisierung die Waage; die Volksmusik konterkariert mühelos die kosmischen Sphärenklänge. Diese Liebe zur Banalität, zur Trivialität sollte gleichwohl nicht missverstanden werden: Nicht dass der Mensch hoffnungslos veraltet wäre angesichts der atemberaubenden technischen Entwicklungen; es handelt sich vielmehr um altbewährte Techniken der Lebenskunst, mit deren Hilfe auch das Ungeheuerliche bewältigt werden kann. Noch immer machen Menschen Erfahrungen und reagieren darauf. Jede Menge Alltag umgibt sie, liegt hinter ihnen und steht ihnen bevor. Realität ist schließlich auch im 3. Jahrtausend das, womit man fertig werden muss. Kitsch und Klischees sind hilfreich hierbei.

Jahrhundertrückblicke hat Sokrates 2X schon einige erlebt, nun aber steht ihm, einmalig auch in seinem Leben, ein Jahrtausendrückblick bevor: der Rückblick aufs 3. Jahrtausend. Als er kurz überfliegt, was die Menschen am Ende des 2. Jahrtausends über die künftige Zeit phantasierten, findet er es tröstlich zu wissen, dass ohnehin alles anders gekommen ist, als die »Einsen« sich dies einst gedacht hatten. Prognosen und Prophezeiungen sind immer auf die hohe Kante des wahrscheinlichen Scheiterns gebaut – etwas davon wird wahr, das meiste nicht. Sie dennoch zu wagen, betrachtet Sokrates 2X jedoch als ein Element der Lebenskunst, um sich im Dschungel des Möglichen zu orientieren und um die Phantasie zu wecken, die immer schon dabei behilflich war, die Wirklichkeit zu verstehen. Auch um überhaupt eine andere Zeitdimension in den Blick zu bekommen und mit dem größeren Horizont die innere Stärke und Gelassenheit auszubilden, die ihm wohl auch im 4. Jahrtausend, soweit er es noch erleben würde, beste Dienste leisten konnte, wenn es weiterhin darum ging, das Leben zu bewältigen. Gerne sitzt er daher im sanft sich wiegenden Baum und genießt den Blick von oben, der am besten dafür geeignet ist, sich deutend und interpretierend auf die kommenden Herausforderungen vorzubereiten.

Textnachweise

Der Blick von außen auf den Planeten bis zu
Die Weltgesellschaft, der wir zugehören
Erstveröffentlichung in: Wilhelm Schmid, *Philosophie der Lebens-kunst*, 1998, 10. Auflage 2007, S. 399-460. Unveränderter Nach-druck, geringfügig korrigiert, Anmerkungen reduziert und aktua-lisiert.

Zurück auf die Bäume! Ausblick auf das Leben im 3. Jahrtausend
Erstveröffentlichung in: *Basler Zeitung*, Beilage »Basler Magazin«
vom 19. 6. 1999, S. 6-7. Nachdruck auf der Basis der Manuskript-fassung.

Bildnachweise

Die aufgehende Erde, von der Mondumlaufbahn aus gesehen, Apollo 11, 1969.
© mauritius images / Brand X Pictures

Edward Hopper, Exkursion in die Philosophie (*Excursion into Philosophy*), 1959.
Privatsammlung Richard M. Cohen

Edward Hopper, Menschen in der Sonne (*People in the Sun*), 1960.
Smithsonian American Art Museum, Gift of S. C. Johnson & Son, Inc.

Baumhaus: Robert C. Schmid, *Die letzten Waldmenschen. Die Baumhausbewohner Neuguineas*, Adeva, 1999.
© Robert C. Schmid

Anmerkungen

1 James Lovell, in: Der Heimatplanet, hg. v. Kevin W. Kelley im Auftrag der Association of Space Explorers, Frankfurt a. M. 1989, Kap. *Zum Mond.*

2 Alfred Worden (Apollo 15, 1971), in: Der Heimatplanet, op. cit. – Vgl. Andrew Chaikin, A Man on the Moon. The Voyages of the Apollo Astronauts, New York 1994.

3 Edgar Mitchell (Apollo 14, 1971), in: Der Heimatplanet, op. cit.

4 Russell L. Schweickart (Apollo 9, 1969), Vorwort, in: Der Heimatplanet, op. cit. – Vgl. Carl Sagan, Blauer Punkt im All, München 1996.

5 Primo Levi, Mond und Mensch, in: Ders., Die dritte Seite. Essays und Erzählungen, München 1994, 17.

6 Ulf Merbold, Vorwort, in: Frank White, Der Overview-Effekt. Die erste interdisziplinäre Auswertung von 20 Jahren Weltraumfahrt, München 1989, 8. Eine nüchterne Beschreibung der Raumflugerfahrung bietet Ulrich Walter, In 90 Minuten um die Erde, Würzburg 1997.

7 Vgl. Yaakov Grab, The Use and Misuse of the Whole Earth Image, in: Whole Earth Review (März 1985). Pamela E. Mack, Viewing the Earth. The Social Construction of the Landsat Satellite System, Cambridge/Mass. 1990. Wolfgang Sachs, Satellitenblick. Die Ikone vom blauen Planeten und ihre Folgen für die Wissenschaft, in: Technik ohne Grenzen, hg. v. Ingo Braun u. Bernward Joerges, Frankfurt a. M. 1994. Ders., Der blaue Planet. Zur Zweideutigkeit einer modernen Ikone, in: Zum Naturbegriff der Gegenwart, hg. v. Landeshauptstadt Stuttgart, Stuttgart 1994, Bd. 1.

8 Nigel Calder, Raumschiff Erde, Köln 1992. Der Begriff erscheint zuerst bei Barbara Ward, Spaceship Earth, New York 1966. Vgl. jedoch schon Kenneth E. Boulding, The Meaning of the Twentieth Century. The Great Transition, New York 1964, 143.

9 Ulf Merbold, op. cit., 11.

10 Oleg Makarow (Serie von Sojus-Flügen seit 1973), Vorwort, in: Der Heimatplanet, op. cit.

11 Ebd. – Überlegungen dazu auch in: Nina Hager, Der Traum

vom Kosmos. Philosophische Überlegungen zur Raumfahrt, Berlin 1988.

12 Nicolas Berdjajew, Der Mensch und die Technik, Berlin/Bielefeld 1949, 33.

13 Hannah Arendt, Vita activa (1958), München 1981, 264; »Erd-Entfremdung«, 258; »das Ereignis des Jahres 1957«, 7.

14 Emmanuel Lévinas, Heidegger, Gagarin und wir (1961), in: Ders., Schwierige Freiheit, Frankfurt a. M. 1992, 173 ff.

15 Heidegger, »Nur noch ein Gott kann uns retten«, in: Der Spiegel 23 (1976), 206, Sp. 3; auch in: Antwort. Martin Heidegger im Gespräch, Pfullingen 1988, 98. Zur »Astronautik« siehe ders., Die Herkunft der Kunst und die Bestimmung des Denkens (Vortrag 1967 in Athen), in: Ders., Denkerfahrungen, Frankfurt a. M. 1983, 149; vgl. 83 ff.

16 Hans Blumenberg, Die Genesis der kopernikanischen Welt, Frankfurt a. M. 1975, Bd. 1, 11. Erwartung dieser Perspektive in: Ders., Paradigmen zu einer Metaphorologie (1960), Frankfurt a. M. 1998. Wie nachhaltig Blumenberg sich mit dieser Thematik beschäftigte, wird deutlich in: Ders., Die Vollzähligkeit der Sterne, Frankfurt a. M. 1997.

17 Günther Anders, Der Blick vom Mond. Reflexionen über Weltraumflüge (1970), München 1994, 26; »reflexiv«, 90; »sich selbst zu sehen«, 12.

18 Michel Serres, Der Naturvertrag (1990), Frankfurt a. M. 1994, 197 ff.

19 Platon, Theätet, 174 e; »Blick über alle Zeit und alles Sein« in: Ders., Politeia, 486 a.

20 Vgl. hierzu Lukians Satire »Ikaromenippus« aus dem 2. Jahrhundert n. Chr., mit Bezug auf den Kyniker Menippos im 3. Jahrhundert v. Chr.

21 Marc Aurel, Selbstbetrachtungen (Τὰ εἰς ἑαυτόν), 4, 3; ἄνωθεν, 7, 48 u. 9, 30. Vgl. Seneca, Naturwissenschaftliche Untersuchungen (Naturales quaestiones), Vorwort, 7 ff.

22 Alexander von Humboldt, Kosmos. Entwurf einer physischen Weltbeschreibung (1845), Neuedition Frankfurt a. M. 2004, 19; »Erdsphäroid«, 38.

23 Ernst Haeckel, Allgemeine Entwickelungsgeschichte der Organismen, Berlin 1866, 286.

24 Eduard Suess, Das Antlitz der Erde, Bd. 1, Prag/Leipzig 1885.

25 Wilhelm Ostwald, Energetische Grundlagen der Kulturwissenschaft, Leipzig 1909, 44 ff. – Rudolf Clausius, der den zweiten Hauptsatz der Thermodynamik formulierte, präsentierte ähnliche Überlegungen bereits bei einem Festvortrag 1885 in Bonn; vgl. Carl-Jochen Winter, Die Energie der Zukunft heißt Sonnenenergie, München 1993, 262.

26 Ders., Der energetische Imperativ, Leipzig 1912, 88.

27 Jakob von Uexküll, Umwelt und Innenwelt der Tiere, Berlin 1909. Ders., Streifzüge durch die Umwelten von Tieren und Menschen, Berlin 1934.

28 Wladimir Vernadsky, Geochemie in ausgewählten Kapiteln, Leipzig 1930, 232 (aus: Ders., La géochimie, Paris 1924). Ders., Die Biosphäre (Paris 1929), Leipzig 1930.

29 Ders., Einige Worte über die Noosphäre (1944), in: Biologie in der Schule, Berlin, 21 (1972), 227. Für die Begriffsprägung »Noosphäre« beruft Vernadsky sich auf Teilhard de Chardin und Edouard Le Roy.

30 Rachel Carson, Der stumme Frühling (Boston 1962), München 1968.

31 Arne Naess, The Shallow and the Deep. Begründung der Tiefenökologie, in: Jahrbuch Ökologie 1997, München 1996; engl. Text in: Inquiry 16 (1973). Ders., Ecology, Community and Lifestyle. Outline of an Ecosophy, Cambridge 1989. David Rothenberg, Is it painful to think? Conversations with Arne Naess, Minneapolis 1993. Vgl. Bill Devall, Die tiefenökologische Bewegung, in: Dieter Birnbacher (Hg.), Ökophilosophie, Stuttgart 1997; engl. Text in: Natural Resources Journal 20 (1980). Bill Devall u. George Sessions, Deep Ecology. Living as If Nature Mattered, Layton 1985.

32 James Lovelock, Das Gaia-Prinzip. Die Biographie unseres Planeten (1988), München 1991, 53; »Gaia war von Anfang an«, 9; zum Blick von außen, 29, 42 f., 237 f., 263, 300.

33 Ebd., 99; »Geophysiologie«, 19 u. 33.

34 Ebd., 210. Vgl. ders., Gaias Rache (2006), Berlin 2008.

35 Ernst Ulrich von Weizsäcker, Erdpolitik. Ökologische Realpolitik an der Schwelle zum Jahrhundert der Umwelt, Darmstadt 1989. Paul Crutzen u. Michael Müller (Hg.), Das Ende des

blauen Planeten? Der Klimakollaps. Gefahren und Auswege, München 1989. Lutz Franke (Hg.), Wir haben nur eine Erde, Darmstadt 1989.

36 Club of Rome (Hg.), Die erste globale Revolution. Bericht zur Lage der Welt. Zwanzig Jahre nach »Die Grenzen des Wachstums« (1991), Frankfurt a. M. 1992.

37 Grundlegende Zusammenhänge: Jonathan Weiner, Die nächsten 100 Jahre. Wie der Treibhauseffekt unser Leben verändern wird, München 1990. Stefan Rahmstorf und Hans-Joachim Schellnhuber, Der Klimawandel: Diagnose, Prognose, Therapie, München 2007.

38 Vgl. Rolf Peter Sieferle, Rückblick auf die Natur. Eine Geschichte des Menschen und seiner Umwelt, München 1997. Helmut Jäger, Einführung in die Umweltgeschichte, Darmstadt 1994.

39 Hans Jonas, Warum die Technik ein Gegenstand für die Ethik ist: Fünf Gründe, in: Hans Lenk u. Günter Ropohl (Hg.), Technik und Ethik, Stuttgart 1987.

40 Kurt Klagenfurt, Technologische Zivilisation und transklassische Logik, Frankfurt a. M. 1994, 19 f.

41 James Gustave Speth, Das Ergrünen der Technologie, in: Jahrbuch Ökologie 1992, München 1991. Vgl. ders., The Bridge at the Edge of the World, 2008.

42 Ernst Ulrich von Weizsäcker, Erdpolitik, Darmstadt [4]1994, 224 f.

43 Otfried Höffe, Moral als Preis der Moderne, Frankfurt a. M. 1993, 156; »ökologische Lebenskunst«, 151.

44 Karim Akerma, Soll eine Menschheit sein? Eine fundamentalethische Frage, Cuxhaven 1995. Vgl. Gregory Fuller, Das Ende. Von der heiteren Hoffnungslosigkeit im Angesicht der ökologischen Katastrophe, Frankfurt a. M. 1996.

45 Konrad Ott, Ökologie und Ethik. Ein Versuch praktischer Philosophie, Tübingen 1993, 136 u. ö. – Auch für diesen Versuch spielt, wie der Autor eingangs vermerkt, der Blick auf die irdische Biosphäre »von außen« eine entscheidende Rolle: Dieser »Raumschiffschock« sei prägend für eine neue Sicht auf die Welt geworden.

46 Jörg Tremmel, Der Generationsbetrug. Plädoyer für das Recht der Jugend auf Zukunft, Frankfurt a. M. 1996.

47 So bei Paul W. Taylor, Respect for Nature. A theory of environmental ethics, Princeton (N.J.) 1986, 115. Vgl. ders., Die Ethik der Achtung gegenüber der Natur, in: Angelika Krebs (Hg.), Naturethik, Frankfurt a. M. 1997; engl. Text in: Environmental Ethics 3 (1981).

48 Laurence H. Tribe, Was spricht gegen Plastikbäume? in: Dieter Birnbacher (Hg.), Ökologie und Ethik, Stuttgart 1980, 35; engl. Text in: Ders. u.a. (Hg.), When Values Conflict, Cambridge (Mass.) 1976.

49 Vgl. zu dieser Vorgehensweise: Hans Julius Schneider, Ethisches Argumentieren, in: Heiner Hastedt u. Ekkehard Martens (Hg.), Ethik, Reinbek 1994; »Integration«, 46.

50 Rachel Carson, Der stumme Frühling, op. cit., 28.

51 James Lovelock, Das Gaia-Prinzip, op. cit., 220.

52 Carl-Jochen Winter, Die Energie der Zukunft heißt Sonnenenergie, München 1993, 31. Für eine ökologische Architektur der »Dauerhaftigkeit« und eine so verstandene »andere Moderne« plädiert Vittorio Magnago Lampugnani, Die Modernität des Dauerhaften. Essays zu Stadt, Architektur und Design, Berlin 1995. Vgl. Sophia u. Stefan Behling, Die Evolution der solaren Architektur. Vorwort von Sir Norman Foster, München/New York 1996.

53 Ernst Ulrich von Weizsäcker (Hg.), Umweltstandort Deutschland. Argumente gegen die ökologische Phantasielosigkeit, Berlin 1994. Reinhard Loske u. a., Zukunftsfähiges Deutschland. Ein Beitrag zu einer global nachhaltigen Entwicklung, Basel 1996. Umweltbundesamt (Hg.), Nachhaltiges Deutschland. Wege zu einer dauerhaften umweltgerechten Entwicklung, Berlin 1997. Zukunftsfähiges Deutschland in einer globalisierten Welt, Frankfurt a. M. 2008.

54 Joel Feinberg, Die Rechte der Tiere und zukünftiger Generationen (1974), in: Dieter Birnbacher (Hg.), Ökologie und Ethik, Stuttgart 1980. Christopher D. Stone, Umwelt vor Gericht, München 1989. Klaus Bosselmann, Im Namen der Natur. Der Weg zum ökologischen Rechtsstaat, Bern 1992. Julian Nida-Rümelin u. Dietmar von der Pfordten (Hg.), Ökologische Ethik und Rechtstheorie, Baden-Baden 1995. Jörg Weber, Die Erde ist nicht Untertan. Grundrechte der Natur, München 1996.

55 Ernst Ulrich von Weizsäcker, Erdpolitik, Darmstadt ⁵1997. Die Idee dazu geht zurück auf Arthur Pigou, The Economics of Welfare, London 1920.

56 Herman E. Daly, Ökologische Ökonomie. Konzepte, Fragen, Folgerungen, in: Jahrbuch Ökologie 1995, München 1994, 147. Vgl. Holger Rogall, Ökologische Ökonomie. Eine Einführung, Wiesbaden 2008.

57 Carl-Jochen Winter, Die Energie der Zukunft heißt Sonnenenergie, München 1995, 89 f. – Vgl. ders. u. Joachim Nitsch (Hg.), Wasserstoff als Energieträger, Berlin 2008. Sven Geitmann, Wasserstoff & Brennstoffzellen, Oberkrämer 2006. Thorsteinn Sigfusson, Planet Hydrogen, Longborough 2008. Die Idee dazu geht zurück auf Eduard W. Justi, Leistungsmechanismus und Energieumwandlung in Festkörpern, Göttingen 1965. Siehe auch ders. u. John O'Mara Bockris, Wasserstoff, die Energie für alle Zeiten, München 1980.

58 Hermann Scheer, Sonnen-Strategie. Politik ohne Alternative. München ⁵1995, 30. Vgl. Ders., Solare Weltwirtschaft. Strategie für die ökologische Moderne, München 2002.

59 Heinrich Steeb u. Hassan Aba Oud (Hg.), HYSOLAR. German-Saudi Program on Solar Hydrogen Production and Utilization, Stuttgart 1996.

60 Ingo Rechenberg, Photobiologische Wasserstoffproduktion in der Sahara, Stuttgart 1994 (Werkstatt Bionik und Evolutionstechnik, Bd. 2).

61 Ulrich Beck, Risikogesellschaft. Auf dem Weg in eine andere Moderne, Frankfurt a. M. 1986, 219.

62 Yehezkel Dror, Ist die Erde noch regierbar? Ein Bericht an den Club of Rome, München 1995, 46.

Wilhelm Schmid
im Suhrkamp und im Insel Verlag

Auf der Suche nach einer neuen Lebenskunst. Die Frage nach dem Grund und die Neubegründung der Ethik bei Foucault. stw 1487. 456 Seiten

Die Geburt der Philosophie im Garten der Lüste. Michel Foucaults Archäologie des platonischen Eros. st 3215. 224 Seiten

Glück. Alles, was Sie darüber wissen müssen, und warum es nicht das Wichtigste im Leben ist. 79 Seiten. Gebunden

Die Fülle des Lebens. 100 Fragmente des Glücks. it 3199. 168 Seiten

Die Kunst der Balance. 100 Facetten der Lebenskunst. it 3120. 175 Seiten

Mit sich selbst befreundet sein. Von der Lebenskunst im Umgang mit sich selbst. 434 Seiten. Gebunden. st 3882. 466 Seiten

Philosophie der Lebenskunst. Eine Grundlegung. stw 1385. 566 Seiten

Schönes Leben? Einführung in die Lebenskunst. 184 Seiten. Gebunden. st 3664. 182 Seiten

Wilhelm Schmid/Volker Caysa (Hg.). Reinhold Messners Philosophie. es 2242. 240 Seiten

suhrkamp taschenbücher
Eine Auswahl

Isabel Allende
- Fortunas Tochter. Roman. Übersetzt von Lieselotte Kolanoske. st 3236. 483 Seiten- Das Geisterhaus. Übersetzt von Anneliese Botond. st 1676. 500 Seiten
- Paula. Übersetzt von Lieselotte Kolanoske. st 2840. 496 Seiten.
- Porträt in Sepia. Übersetzt von Lieselotte Kolanoske. st 3487. 512 Seiten
- Zorro. Roman. Übersetzt von Svenja Becker. st 3861. 443 Seiten

Ingeborg Bachmann. Malina. Roman. st 641. 368 Seiten

Jurek Becker
- Amanda herzlos. Roman. st 2295. 384 Seiten
- Jakob der Lügner. Roman. st 774. 283 Seiten

Louis Begley
- Lügen in Zeiten des Krieges. Roman. Übersetzt von Christa Krüger. st 2546. 223 Seiten
- Schmidt. Roman. Übersetzt von Christa Krüger. st 3000. 320 Seiten
- Schmidts Bewährung. Roman. Übersetzt von Christa Krüger. st 3436. 314 Seiten

Thomas Bernhard
- Alte Meister. Komödie. st 1553. 311 Seiten
- Holzfällen. st 3188. 336 Seiten
- Ein Lesebuch. Herausgegeben von Raimund Fellinger. st 3165. 112 Seiten
- Wittgensteins Neffe. st 1465. 164 Seiten

Peter Bichsel
- Cherubin Hammer und Cherubin Hammer. st 3165. 112 Seiten
- Kindergeschichten. st 2642. 84 Seiten

Ketil Bjørnstad
- Villa Europa. Roman. Übersetzt von Ina Kronenberger.
  st 3730. 535 Seiten
- Vindings Spiel. Roman. Übersetzt von Lothar Schneider.
  st 3891. 347 Seiten

Lily Brett
- Einfach so. Roman. Übersetzt von Anne Lösch.
  st 3033. 446 Seiten.
- Chuzpe. Übersetzt von Melanie Walz. st 3922. 334 Seiten

Truman Capote. Die Grasharfe. Roman. Übersetzt von Annemarie Seidel und Friedrich Podszus. st 1796. 208 Seiten.

Paul Celan
- Die Gedichte. Kommentierte Gesamtausgabe in einem
  Band. Herausgegeben und kommentiert von Barbara Wiedemann. st 3665. 1000 Seiten
- Gesammelte Werke in sieben Bänden. st 3202-3208. 3380 Seiten

Lizzie Doron. Warum bist du nicht vor dem Krieg gekommen? Übersetzt von Mirjam Pressler. st 3769. 130 Seiten

Marguerite Duras. Der Liebhaber. Übersetzt von Ilma Rakusa. st 1629. 194 Seiten

Hans Magnus Enzensberger
- Der Fliegende Robert. Gedichte, Szenen, Essays.
  st 1962. 350 Seiten
- Gedichte 1950 – 2005. st 3823. 253 Seiten
- Josefine und ich. Eine Erzählung. st 3924. 147 Seiten

Louise Erdrich
- Der Club der singenden Metzger. Roman. Übersetzt von Renate Orth-Guttmann. st 3750. 503 Seiten
- Die Rübenkönigin. Roman. Übersetzt von Helga Pfetsch. st 3937. 440 Seiten

Laura Esquivel. Bittersüße Schokolade. Roman. Übersetzt von Petra Strien. st 2391. 278 Seiten

Max Frisch
- Homo faber. Ein Bericht. st 354. 203 Seiten
- Mein Name sei Gantenbein. Roman. st 286. 304 Seiten
- Stiller. Roman. st 105. 438 Seiten

Carole L. Glickfeld. Herzweh. Roman. Übersetzt von Charlotte Breuer. st 3541. 448 Seiten

Philippe Grimbert. Ein Geheimnis. Roman. Übersetzt von Holger Fock und Sabine Müller. st 3920. 154 Seiten

Katharina Hacker
- Der Bademeister. Roman. st 3905. 207 Seiten
- Die Habenichtse. Roman. st 3910. 308 Seiten

Peter Handke
- Kali. Eine Vorwintergeschichte. st 3980. 160 Seiten
- Mein Jahr in der Niemandsbucht. st 3084. 632 Seiten

Marie Hermanson
- Der Mann unter der Treppe. Übersetzt von Regine Elsässer. st 3875. 250 Seiten.
- Muschelstrand. Roman. Übersetzt von Regine Elsässer. st 3390. 304 Seiten.
- Das unbeschriebene Blatt. Roman. Übersetzt von Regine Elsässer. st 3626. 236 Seiten

Hermann Hesse
- Das Glasperlenspiel. Versuch einer Lebensbeschreibung des Magister Ludi Josef Knecht samt Knechts hinterlassenen Schriften. st 2572. 616 Seiten
- Der Steppenwolf. Roman. st 175. 288 Seiten
- Siddhartha. Eine indische Dichtung. st 182. 136 Seiten
- Unterm Rad. Materialienband. st 3883. 315 Seiten

Yasushi Inoue. Das Jagdgewehr. Übersetzt von Oskar Benl. st 2909. 98 Seiten

Uwe Johnson
- Mutmassungen über Jakob. Roman. st 3128. 298 Seiten
- Eine Reise nach Klagenfurt. st 235. 109 Seiten

James Joyce. Ulysses. Roman. Übersetzt von Hans Wollschläger. st 2551. 988 Seiten

Franz Kafka
- Amerika. Roman. Mit einem Anhang (Fragmente und Nachworte des Herausgebers Max Brod). st 3893. 310 Seiten
- Das Schloß. Roman. st 3825. 423 Seiten. st 2565. 432 Seiten
- Der Prozeß. Roman. st 2837. 282 Seiten

Daniel Kehlmann. Ich und Kaminski. Roman. st 3653. 174 Seiten.

Andreas Maier. Wäldchestag. Roman. st 3381. 315 Seiten

Magnus Mills
- Die Herren der Zäune. Roman. Übersetzt von Katharina Böhmer. st 3383. 216 Seiten
- Indien kann warten. Roman. Übersetzt von Katharina Böhmer. st 3565. 229 Seiten
- Zum König! Roman. Übersetzt von Katharina Böhmer. st 3865. 187 Seiten

Cees Nooteboom
- Allerseelen. Roman. Übersetzt von Helga van Beuningen. st 3163. 440 Seiten
- Rituale. Roman. Übersetzt von Hans Herrfurth. st 2446. 231 Seiten.

Elsa Osorio. Mein Name ist Luz. Roman. Übersetzt von Christiane Barckhausen-Canale. st 3918. 434 Seiten

Amos Oz. Eine Geschichte von Liebe und Finsternis. Roman Übersetzt von Ruth Achlama. st 3788 und st 3968. 829 Seiten

Marcel Proust. In Swanns Welt. Auf der Suche nach der verlorenen Zeit. Übersetzt von Eva Rechel-Mertens. st 2671. 564 Seiten

Ralf Rothmann
- Junges Licht. Roman. st 3754. 236 Seiten
- Stier. Roman. st 2255. 384 Seiten

Hans-Ulrich Treichel
- Menschenflug. Roman. st 3837. 234 Seiten
- Der Verlorene. Erzählung. st 3061. 175 Seiten

Mario Vargas Llosa
- Das böse Mädchen. Roman. Übersetzt von Elke Wehr. st 3932. 395 Seiten
- Tante Julia und der Kunstschreiber. Roman. Übersetzt von Heidrun Adler. st 1520. 392 Seiten

Martin Walser. Ein fliehendes Pferd. Novelle. st 600. 151 Seiten

Carlos Ruiz Zafón. Der Schatten des Windes. Übersetzt von Peter Schwaar. st 3800. 565 Seiten